中央東線

1960年代～90年代の思い出アルバム

山田 亮

写真：伊藤昭、伊藤威信、小川峯生、荻原二郎、林嶢、安田就視、山田虎雄、RGG

1960（昭和35）年4月、中央線初のディーゼル急行として準急用キハ55系を使用した「アルプス」が2往復登場し、新宿～松本間を最短4時間20分で結んだ。それまでの客車準急より1時間以上早く、煙から解放された蛍光灯の明るい車内は大好評だった。画面右側に「山スカ」クハ76が見える。◎八王子　1960（昭和35）年8月　撮影：伊藤威信

.....Contents

1章 東京〜高尾 …………………… 5

2章 相模湖〜甲府 ………………… 83

3章 竜王〜松本 …………………… 117
　　（塩尻〜松本は篠ノ井線）

4章 大糸線 ………………………… 159
　　（松本〜南小谷）

中央東線の年表 …………………… 123
大糸線の年表 ……………………… 161

大糸線安曇野を行く165系急行電車、背後は北アルプス。
中央左は常念岳、その右が横通岳。◎中萱〜一日市場
1980（昭和55）年5月4日　撮影：安田就視

巻頭言

　中央本線は東京と名古屋を甲府、塩尻経由で結ぶ幹線であるが、建設に至るまでは紆余曲折があった。明治初期、新政府により新首都東京と京都、大阪を結ぶ幹線が計画された際、最初は中山道沿いの路線が考えられたが、碓氷峠をはじめ峠が多く難工事が予想されたため、1884（明治17）年に東海道沿いのルートに変更された。

　明治時代中期にこの計画は息を吹き返し中部山地を経由し東京と名古屋を結ぶ鉄道が計画された。軍隊が兵士を迅速に動員するため「本州中部の中央を貫通する鉄道」が必要とされたからであり、さらに当時の重要な輸出品である生糸を諏訪、岡谷付近の製糸工場から港のある横浜へ迅速に輸送する鉄道が必要とされたためである。塩尻までは1906（明治39）年6月に開通し、すでに1902（明治35）年に長野から塩尻まで全通していた篠ノ井線とあわせ松本、長野まで鉄道がつながった。1911（明治44）年5月には中央東西線が全通し中央本線となった。

　中央線には様々な顔がある。東京から高尾への通勤電車、新宿から松本、甲府への特急電車が思い浮かぶが、名古屋側もまた別の顔があり長野までの特急電車がある。

　本書で取り上げるのは中央東線、および篠ノ井線塩尻〜松本間、さらに直通列車が走る大糸線である。沿線は多彩であることは論を待たない。中央線電車から見る東京都心の眺めは単にビルが並ぶだけでなく、地形も起伏に富みこの大都市にも意外と自然的、歴史的景観があることがわかる。副都心新宿からは住宅地が続くが、大手私鉄沿線に見られる鉄道会社による画一的開発ではなく、いわば自然発生的な市街地であり、それが中央線沿線独特の「住みやすさ」につながっている。

　高尾から先はうってかわって山岳区間になるが、複線化の際に上下線を離して別線建設で複線化したところも多く、そこも見どころであろう。笹子トンネルを抜け、勝沼付近の甲府盆地を見下ろし、南アルプスを遠望する車窓も秀逸だ。甲府からさらに勾配が続き、八ヶ岳を望む高原の風情、諏訪湖の眺めも中央線らしい。さらに、大糸線は安曇野、仁科三湖、北アルプスとまさにこの線そのものが観光資源である。本書は蒸気機関車時代から90年代までディーゼル急行、電車急行、電車特急さらに通勤電車の変遷を紹介している。この半世紀の移り変わりを本書で楽しく回想していただければ幸いである。

2019年6月　山田亮

1章
東京〜高尾

聖橋から見た中央線、総武線と地下鉄丸ノ内線。◎御茶ノ水　1991（平成3）年4月26日　撮影：安田就視

1章 東京〜高尾

中央線と中央東線、中央西線

　東京で中央線といえば東京駅、新宿駅から発車する銀色とオレンジの電車を思い浮かべるだろう。東京駅から発車し、新宿を通り高尾山の入口高尾まで行く電車だが、4ドア、ロングシートの通勤電車だ。昼間なら「特快」が運転され、立川、八王子や青梅まで速く行くことができる。昔はラッシュ時の混雑が有名で今でも中央線は「満員電車」の代名詞のようなところがある。一方、新宿駅から発車する特急松本行き「あずさ」甲府行き「かいじ」を思い浮かべる人もいるだろう。特に「あずさ」はその昔、歌謡曲の題名にもなったことを覚えている方もあろう。

　中央線は正式には本線が入り「中央本線」で東京から名古屋までである。甲府、諏訪、塩尻、木曽福島、中津川、多治見を通り文字通り日本の「中央」を横断して東西を結んでいる。だが一般には中央本線と呼ばれることはあまりない。山陽線、東北線をわざわざ山陽本線、東北本線と呼ぶ人がいないのと同じである。だから新宿駅からでる特急も中央線の特急と呼ばれる。

　名古屋にも中央線はある。電車は銀色にオレンジで東京とあまり変わらないが、3ドアで車内は前向きのシートが並び、東京の中央線とはかなり異にしている。名古屋駅からも松本を通り長野へ向かう特急「しなの」も「中央線の特急」だ。甲府、諏訪や中津川、多治見周辺のローカル輸送も中央線のもうひとつの顔だ。

　このように中央線とひとくちに言っても様々な顔があることがわかる。正式な名称、区間である中央本線東京〜名古屋間を直通する列車は当然ながらない。通勤は別として旅客の流れは新宿から甲府、松本方面と名古屋から松本、長野方面の2つがある。そこで「あずさ」ルートの東京（新宿）〜塩尻間が中央東線、「しなの」ルートの名古屋〜塩尻間が中央西線と呼ばれる。また、塩尻〜松本間は正式には篠ノ井線だが、運転上、旅客案内上は中央線と一体化している。

　本書は中央本線のうち「あずさ」ルートの新宿〜塩尻間を中心に述べ書名も中央東線とするが、塩尻〜松本間、通勤区間の東京〜高尾間、北アルプスを眺め日本海に達する大糸線もあわせて述べることにする。なお、文中では線名は原則として中央線と記すこととしたい。

中央線は東京駅が起点

　日本の鉄道の中心である東京駅を起点とするJR線は東海道本線、東北本線、中央本線、総武本線、京葉線そして東海道新幹線、東北新幹線である。その東京駅1、2番線から中央線は発車する。1914（大正3）年12月の東京駅開業時、中央線は東京駅には来ていなかったが、中央線ホーム（1、2番線）はすでに造られていた。中央線が東京駅まで開通したのは1919（大正8）年3月で同時に山手線と結び中野〜東京〜品川〜新宿〜池袋〜上野間の「の」字運転が始まった。1925（大正14）年4月から中央線電車は東京駅発着となり、それ以来今日に至るまで丸の内口に一番近い第1ホーム（1、2番線）が中央線ホームである。わが国おける中産階級は大正時代半ばの1920年代に出現したが、関東大震災（1923年9月）を契機に東京西部中央線沿線の宅地化が進んだ。昭和初期には丸の内オフィス街が整備され、中央線利用で都心への通勤者が急増し都心と郊外を結ぶ郊外電車の性格が強くなった。1933（昭和8）年9月には、御茶ノ水〜飯田橋間の複々線化が完成し、すでに複々線化されていた飯田橋〜中野間とあわせ御茶ノ水〜中野間で急行（快速）線と緩行（各停）線に分離され、東京〜中野間で急行（快速）運転が始まり、総武線電車が各駅停車で中野まで乗り入れた。複々線化による緩急分離運転はわが国の通勤鉄道初で、その運転形態は現在まで続いている。

　時代は一挙に平成に飛ぶ。1991（平成3）年、北陸新幹線の東京駅乗り入れが決まったが、ホームを増設する余地がなく、中央線ホームを高架化（重層化）して新幹線ホーム用地を生み出すことになった。工事は1992年12月に着手され、1995年7月に中央線新ホームが使用開始された。

都心を縦断して新宿へ

　東京から新宿までは都心を縦断する形になるが直線ではなく、いったん北上してから外濠に沿って南

下し、さらに新宿に向かって西進する形になる。車窓も単なるビル街ではなく変化に富んでいて、地下鉄網が整備された現代では電車から見える貴重な都心部の景観である。神田で山手線、京浜東北線と別れ、総武線松住町架道橋を上に、地上へ顔をだす地下鉄丸ノ内線を下に見ながら御茶ノ水で総武線と合流する。「日本のカルチェラタン」御茶ノ水は現在改良工事中で、江戸時代に開削された神田川が進行右側に現われる。快速、各停が同じホームの反対側乗換えで便利で、ここから方向別複々線が始まる。

飯田橋をでると電車は外濠沿いに走る。この区間は中央線の歴史にとって重要なところで、1894(明治27)年10月、当時の甲武鉄道が新宿〜牛込(飯田橋の市ヶ谷方にあった)間を開業し、蒸気列車が運行され、翌1895年4月には飯田町(飯田橋の東側)まで延長された。建設にあたり用地取得が困難だったため、外濠の斜面を削り、一部は埋め立てて線路が敷設された。1904(明治37)年8月、甲武鉄道は路面電車に対抗して飯田町〜中野間を電化し電車運転が開始され、同年12月に御茶ノ水まで延長された。甲武鉄道は1906(明治36)年に国有化され、最初の「国電」となった。外濠は今でも往時の姿をとどめ、市ヶ谷付近の釣堀は都心のオアシスである。

四ツ谷をでて迎賓館の下をトンネルで抜け、信濃町付近では神宮外苑の緑が広がる。次の千駄ヶ谷はオリンピックスタジアム(旧・国立競技場)の最寄り駅で、右には新宿御苑が見える。この付近は自然の風景も残り地形の高低差も車窓から観察でき、都心も意外と起伏に富んでいることがわかる。高層ビル街が目前に現われると新宿へ到着。

新宿駅は永遠に未完成

新宿は1980年代まで代々木寄りに貨物ヤードが広がり貨車が滞留していたが、その跡地に1996年9月、高島屋新宿店(高島屋タイムズスクエア)が開店した。南口の代々木方には高速バスターミナル「バスタ新宿」、高層ビル「新宿ミライナタワー」が2016年4月に開設された。新宿駅で忘れてはならないのは、ホーム下の地下通路にあった「アルプスの広場」である。レジャーブームが起きた1960年代から夏は登山、ハイキング、冬はスキー、スケートへ向かう若者が増え、週末の新宿駅には夜行列車を待つ長い行列ができ「新宿名物」だったが、その待合場所として1970年に開設されアルプスの広場と名付けられ、週末は若者であふれていた。新宿発の夜行列車は2002年12月改正時に夜行「アルプス」が定期列車として姿を消し、その後は夜行快速「ムーンライト信州」がシーズンの週末に運行されたが2018年の年末が最後の運行である。新宿は今でも若者の街だが、リュックサックやスキーをかついだ若者の姿を見ることはない。

新宿駅は現在でも東西自由通路の建設工事が続く。1964年に開業した東口駅ビル(ルミネエスト)の建替え構想もあり、常に工事が行われ永遠に未完成である。

高架線から見た現代の武蔵野

中央線は甲武鉄道により1889(明治22)年4月に新宿〜立川間が開通し、同年9月に八王子まで開通した。八王子から先は官設鉄道(国営)として建設された。1904年に御茶ノ水〜中野間に電車運転が始まったことはすでに述べたが、国有化後に電化は徐々に西へ進み、1919(大正8)年には吉祥寺まで電化されて電車が走り、1930(昭和5)年には浅川(現・高尾)まで電化され「国電中央線」の基盤ができあがった。一方、新宿から中野までは1928(昭和3)年5月に早くも複々線化され、列車と電車が分離された。大久保、東中野両駅のホームには当時の面影が随所に残る。中野〜三鷹間は高架複々線で1966年4月に荻窪まで、1969年4月に三鷹まで完成し現在に至っている。三鷹以遠も引き続き高架複々線化される計画だったが、立川までの高架化が2010(平成23)年11月に完成したものの、複々線化は巨額の投資に見合う乗客増が見込めないため「行わない」と発表されている。

さて、かつては雑木林が広がっていた武蔵野の風景だが、高架線から見下ろす沿線は駅周辺こそマンションが増えているが、その先は戸建住宅で埋め尽くされる。ところどころに見える樹木や小さな森が武蔵野らしいといえようか。中央線沿線は街並みが雑然としているが他人に干渉しないマイペースな山の手風個人主義と下町風居心地の良さが混じった独特の「中央線文化」ともいうべき雰囲気があり「住みやすい」といわれ、駅周辺も量販店と昔からの商店街が共存している。昭和初期以来何代にもわたって住み続けている人々がいる一方、新たに流入する独身者やニューファミリー層も多く、活気がありシルバータウン化していない。立川を過ぎ多摩川、浅川の鉄橋を渡ると八王子。ここまで来ると奥多摩の山々も迫っている。高尾は天狗の山である高尾山の入口。ホームには天狗の巨大石像が「ここへ何しに来た」と言わんばかりににらみつけている。

【駅データ】

	（所在地）	（キロ程）	（開業年）	（乗車人員）
東京駅（とうきょう）	東京都千代田区丸の内1-9-1	0.0km（東京起点）	1914（大正3）年12月20日	452,549人（2017年）
神田駅（かんだ）	東京都千代田区鍛治町2-13-1	1.3km（東京起点）	1919（大正8）年3月1日	103,940人（2017年）
御茶ノ水駅（おちゃのみず）	東京都千代田区神田駿河台2-6-1	2.6km（東京起点）	1904（明治37）年12月31日	105,735人（2017年）
水道橋駅（すいどうばし）	東京都千代田区神田三崎町2-22-1	3.4km（東京起点）	1906（明治39）年9月24日	83,531人（2017年）
飯田橋駅（いいだばし）	東京都千代田区飯田橋4-10-2	4.3km（東京起点）	1928（昭和3）年11月15日	93,871人（2017年）
市ケ谷駅（いちがや）	東京都千代田区五番町2-1	5.8km（東京起点）	1895（明治28）年3月6日	62,333人（2017年）
四ツ谷駅（よつや）	東京都新宿区四谷1丁目無番地	6.6km（東京起点）	1894（明治27）年10月9日	97,608人（2017年）
信濃町駅（しなのまち）	東京都新宿区信濃町34	7.9km（東京起点）	1894（明治27）年10月9日	26,180人（2017年）
千駄ケ谷駅（せんだがや）	東京都渋谷区千駄ヶ谷1-35-10	8.6km（東京起点）	1904（明治37）年8月21日	19,015人（2017年）
代々木駅（よよぎ）	東京都渋谷区代々木1-34-1	9.6km（東京起点）	1906（明治39）年9月23日	69,935人（2017年）
新宿駅（しんじゅく）	東京都新宿区新宿3-38-1	10.3km（東京起点）	1885（明治18）年3月1日	778,618人（2017年）
大久保駅（おおくぼ）	東京都新宿区百人町1-17-1	11.7km（東京起点）	1895（明治28）年5月5日	27,404人（2017年）
東中野駅（ひがしなかの）	東京都中野区東中野4-1-12	12.8km（東京起点）	1906（明治39）年6月14日	40,855人（2017年）
中野駅（なかの）	東京都中野区中野5-31-1	14.7km（東京起点）	1889（明治22）年4月11日	148,789人（2017年）
高円寺駅（こうえんじ）	東京都杉並区高円寺南4-48-2	16.1km（東京起点）	1922（大正11）年7月15日	51,388人（2017年）
阿佐ケ谷駅（あさがや）	東京都杉並区阿佐谷南3-36-2	17.3km（東京起点）	1922（大正11）年7月15日	45,642人（2017年）
荻窪駅（おぎくぼ）	東京都杉並区上荻1-7-1	18.7km（東京起点）	1891（明治24）年12月21日	89,491人（2017年）

まだ、東京駅の八重洲口側に高層ビルの姿は見えない頃。右奥には東京中央郵便局の旧庁舎がのぞいている。丸の内駅舎も復元前の姿で、戦災で失われたドーム屋根ではなく、木造八角形である。◎1983（昭和58）年12月　撮影：RGG（荒川好夫）

```
                （所在地）                        （キロ程）            （開業年）               （乗車人員）
西荻窪駅（にしおぎくぼ）    東京都杉並区西荻南3-25-1      20.6km（東京起点）   1922（大正11）年7月15日    45,214人（2017年）
吉祥寺駅（きちじょうじ）    東京都武蔵野市吉祥寺南町1-1-24  22.5km（東京起点）   1899（明治32）年12月30日   143,313人（2017年）
三鷹駅（みたか）           東京都三鷹市下連雀3-46-1       24.1km（東京起点）   1930（昭和5）年6月25日     97,413人（2017年）
武蔵境駅（むさしさかい）    東京都武蔵野市境1-1-2         25.7km（東京起点）   1889（明治22）年4月11日    68,423人（2017年）
東小金井駅（ひがしこがねい） 東京都小金井市梶野町5-1-1      27.4km（東京起点）   1964（昭和39）年9月10日    31,093人（2017年）
武蔵小金井駅（むさしこがねい）東京都小金井市本町6-14-29     29.1km（東京起点）   1926（大正15）年1月15日    61,858人（2017年）
国分寺駅（こくぶんじ）      東京都国分寺市本町2-1-23      31.4km（東京起点）   1889（明治22）年4月11日    112,800人（2017年）
西国分寺駅（にしこくぶんじ） 東京都国分寺市西恋ヶ窪2-1-18   32.8km（東京起点）   1973（昭和48）年4月1日     29,658人（2017年）
国立駅（くにたち）         東京都国立市北1-14-22         34.5km（東京起点）   1926（大正15）年4月1日     54,134人（2017年）
立川駅（たちかわ）         東京都立川市曙町2-1-1         37.5km（東京起点）   1889（明治22）年4月11日    167,108人（2017年）
日野駅（ひの）            東京都日野市大坂上1-9-6        40.8km（東京起点）   1890（明治23）年1月6日     27,219人（2017年）
豊田駅（とよだ）          東京都日野市豊田4-41-41       43.1km（東京起点）   1901（明治34）年2月22日    34,844人（2017年）
八王子駅（はちおうじ）     東京都八王子市旭町1-1          47.4km（東京起点）   1889（明治22）年8月11日    85,302人（2017年）
西八王子駅（にしはちおうじ）東京都八王子市千人町2-21-1     49.8km（東京起点）   1939（昭和14）年4月1日     32,492人（2017年）
高尾駅（たかお）          東京都八王子市高尾町1201-2     53.1km（東京起点）   1901（明治34）年8月1日     29,270人（2017年）
```

東京駅に到着するクモハ40先頭の中央線電車。2両目はクモハ73(旧モハ63)。中央線は戦後になり沿線の人口増加が激しく、1950(昭和25)年から一部が8両編成化。撮影時点では9両編成だが1956(昭和31)年冬から通勤線区で初めて10両編成化された。先頭のクモハ40は両運転台でラッシュ時の増結用。背後は国鉄本社ビル。手前の線路は山手線と京浜東北線の分離工事中である。
◎1956(昭和31)年9月23日　撮影：小川峯生

1967(昭和42)年7月3日(月)、中央線東京〜高尾間に昼間だけ特別快速電車が運転開始された。東京駅2番線に「特別快速電車誕生」の前面装飾の101系高尾行きが停車中。右側の3番線には京浜東北線の103系南浦和行きが停車。3、4番線ホームには東京駅開業以来の特徴ある鋳鉄製架線柱が見える。この架線柱は2015(平成27)年春まで現役だった。◎1967(昭和42)年7月　撮影：吉村光夫

1章　東京〜高尾

神田駅5番線に到着の上り東京行き101系電車。神田駅の中央線ホームは現在でもあまり変わっていない。東京駅が重層化されてから神田での山手線、京浜東北線との乗り換え客が増えた。◎1963(昭和38)年　撮影:小川峯生

神田方から御茶ノ水に進入するクハ79(300番台)を先頭にした中央線三鷹行き。クハ79(300番台)はモハ72(500番台)とともに1952(昭和27)年以降に製造された車両。敗戦直後に製造されたモハ63系の改造車ではなく完全な新車で、80系「湘南形」70系「横須賀線形」と設計上の共通点が多い。左側は総武線で松住町架道橋が見える。◎1959(昭和34)年　撮影:小川峯生

神田～御茶ノ水間を行く201系の中央線特別快速。左は総武線の松住町架道橋。この架道橋はいわゆるアーチ橋で1932（昭和7）年、御茶ノ水～両国間開通時に建設。画面中央は秋葉原の電気街だが今では「アニメとAKBの街」になっている。画面右は明治末期に建設された中央線のレンガ造り高架線。画面右奥に交通博物館があった。
◎1982（昭和57）年8月23日　撮影：RGG（森嶋孝司）

1章　東京〜高尾

中央線の都心の駅の中でも、こじんまりとした地上駅舎が残されていた四ツ谷駅の麹町口。北側には雙葉高校、雙葉小学校、南側には上智大学があり、学生や生徒が多く利用していた。◎1982(昭和57)年2月6日　撮影：RGG(森嶋孝司)

1885(明治18)年に日本鉄道品川線(現・山手線)の駅として開業した当時、新宿駅の本屋は現在の東口側に置かれていた。その後、甲武鉄道(現・中央本線)の駅も開業し、1906(明治39)年に甲州街道に面した南口に新しい駅舎が設けられた。◎1906(明治39)年　提供：朝日新聞社

1章　東京～高尾

イエローに赤帯の国鉄準急色キハ55（100番台）。キハ55は1956（昭和31）年に準急「日光号」用として登場し、窓はいわゆるバス窓だった。1958（昭和33）年以降登場の100番台からは窓が一段上昇窓となり近代的な外観になった。中央東線の急行「アルプス」もこの100番台だったが、塗色は赤とクリームの急行色だった。◎1960（昭和35）年4月15日　提供：朝日新聞社

中央線の朝ラッシュ時上り電車の東京寄りに連結された婦人子供専用車。現在の女性専用車に相当するが、ステッカーではなくその時間帯だけ札を掛けた。1973（昭和48）年9月14日限りで廃止され、翌9月15日（敬老の日）から国電各線にシルバーシートが出現した。◎1973（昭和48）年8月31日　提供：朝日新聞社

3ドア、セミクロスシートのクモハ51（当時の形式はモハ51）を先頭にした立川行き中央線電車。東京の省線電車では横須賀線以外では唯一のクロスシート車で人気があったが、2両目は木造車でアンバランスである。画面左側、神田川の対岸の建物は受験出版社の老舗、旺文社が経営する日本学生会館で受験生や修学旅行生の宿泊に利用された。◎御茶ノ水～水道橋　昭和初期　撮影：伊藤東作

飯田橋の四ツ谷方留置線にパンタを下げて休む中央線の木造電車、モハ1－サハ25－モハ1の3両編成。モハ1は中形木造電車といわれ中央線に集中して運行された。車体幅が狭く、前面貫通ドアが狭いのが特徴である。ドアは手動式で電車が到着すると駅員がドアの掛け金をひとつひとつ外して開け、発車時に掛け金を閉めていた。
◎1933（昭和8）年　撮影：松浦佑次

1964（昭和39）年の東京オリンピックの会場となった国立競技場、東京体育館の玄関口となっていた千駄ケ谷駅。北側に新宿御苑があるため、改札口は南側に設置されている。2020（令和2）年開催の東京オリンピックに向けて、改築中である。
◎1964（昭和39）年　撮影：荻原二郎

新宿駅7番線（現・13番線）に停車中の中央・総武線各駅停車（緩行線）の津田沼行き。中央快速線のオレンジ色103系を転用したが、塗替えが間に合わず「総武・中央線各駅停車」の黄色のステッカーが前面および側面に貼られていた。新宿駅7、8番線（現・13、14番線）ホームは今でも1960年代のままで「昭和」が色濃く残っている。◎1982（昭和57）年3月30日　撮影：RGG（荒川好夫）

新宿駅3番線に停車中のキハ55系急行「第1アルプス」松本行き。1960（昭和35）年4月、中央東線初のディーゼル急行「アルプス」が2往復登場した。ホームにも「急行第一アルプス8時10分発、松本行」の表示がある。登山用の大形リュックサックを背負った乗客が中央線らしい。◎1960（昭和35）年　撮影：荻原二郎

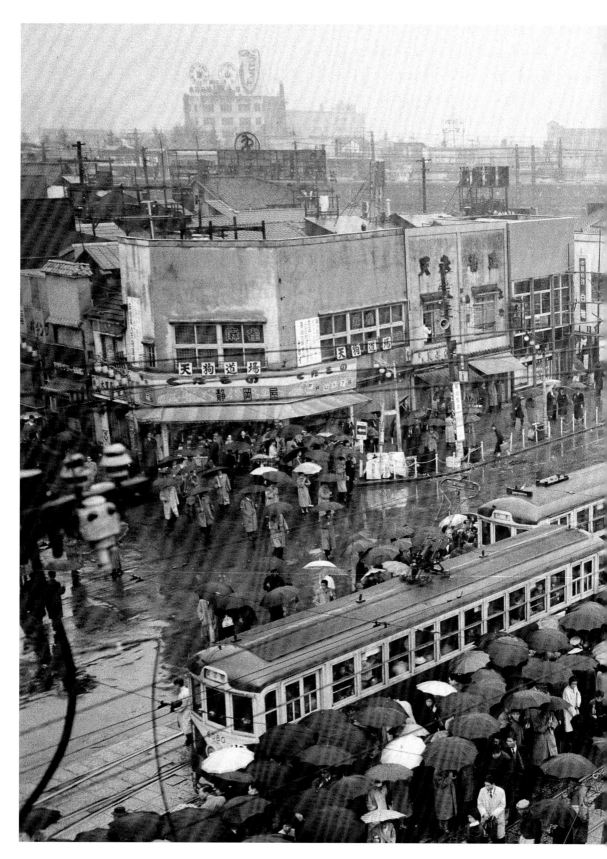

「西武電車のりば」の看板が見える新宿駅東口の大ガード付近。雨の日の朝、この日は中央線が不通となり、傘を差した群衆が停留場からあふれて歩道上を埋め、車道にもはみ出している。副都心・新宿の街が、戦後の焼け跡から抜け出そうとしていた頃の光景である。◎1956(昭和31)年11月26日　提供：朝日新聞社

手前に淀橋浄水場の水面が広がる新宿駅西口の空撮写真。東口側の新宿ステーションビルや伊勢丹、三越とともに、西口側には小田急、京王といったデパートが店舗を構えようとしていた。右手奥には、緑豊かな新宿御苑の森がのぞいている。◎1964(昭和39)年9月8日　提供：朝日新聞社

1章 東京〜高尾

喧噪に包まれる街の玄関口となっている新宿駅の東口。マイシティのビル右手には、西口側で建設中のビルとクレーンがのぞく。朝早い時間帯なのか、広場には人影もまばらである。©1986（昭和61）年11月27日 撮影：RGG（松本正敏）

1章　東京〜高尾

「小田急のりば」の2つの看板が見える、再開発前の新宿駅西口の風景。東口側では、国鉄の新宿ステーションビル（民衆駅）が建築中だった。その左手には、丸井、二幸のビルがのぞく。◎1963（昭和38）年　提供：東京都

中野駅の南口では、ロータリーを囲むようにタクシーの車列が並んでいる。ここから中野通りを南に行けば、中野五差路をへて、青梅街道に至る。◎1981（昭和56）年9月30日　撮影：RGG（森嶋孝司）

桜満開の東中野を行く中央・総武線各駅停車と中央快速。いずれも201系となっている。201系(量産車)は中央快速線には1981(昭和56)年から、中央・総武各駅停車には翌1982年から投入された。◎1988(昭和63)年4月10日　撮影：RGG(松本正敏)

クモハ100を先頭にした青梅行き101系電車。1975(昭和50)年時点では毎時1本、中央線から青梅線への直通電車があったが、特別快速ではなく快速で中野から先は各駅停車だった。◎中野～高円寺　1980(昭和55)年10月　撮影：安田就視

1章　東京〜高尾

国鉄初の新性能電車101系（登場時はモハ90）の試運転。先頭はモハ90（500番台）、2両目はモハ90（0番台）。1959（昭和34）年6月の称号改正で新性能電車は100番台の形式になりモハ90は101系となった。◎中野駅　1957（昭和32）年7月4日　撮影：小川峯生

地下鉄東西線直通用の301系。1966（昭和41）年に登場し、アルミ車体、空気ばね台車、ゆったりした奥行のあるロングシートでデラックス通勤電車といわれた。製造当初は東西線にあわせて7両編成だったが、1982年から10両編成化された。通勤電車としては長く使われ、2003（平成15）年5月まで運行され、その後はE231系800番台に置き換えられた。◎中野〜高円寺　1986（昭和61）年　撮影：RGG（荒川好夫）

中野で中央線各駅停車と相互乗り入れする営団地下鉄（帝都高速度交通営団、現東京メトロ）東西線の5000系電車。1966（昭和41）年4月、中央線各駅停車と地下鉄東西線の相互乗り入れを竹橋〜中野〜荻窪間で開始。国鉄（当時）と地下鉄との初の相互乗り入れだった。地下鉄5000系は2007年3月まで東西線で運行された。◎1973（昭和48）年7月　撮影：RGG（荒川好夫）

1章 東京〜高尾

桜と菜の花が咲く東中野を行く181系特急「あずさ」。「あずさ」は1966（昭和41）年12月に181系で新宿〜松本間に運転開始。1975年には181系は老朽化のため189系に置き換えられた。画面左側には明治大学付属中野中学校・高等学校がある。
◎1975（昭和50）年4月6日　撮影：安田就視

東京オリンピックが開催される2年前、1962(昭和37)年の中野駅北口の駅前風景である。既にロータリーを取り囲むように商業ビルやアパートが建ち並び、駅前の整備が進んでいたことがうかがえる。右手奥には、商店街の入り口が見える。◎1962(昭和37)年2月　提供：朝日新聞社

高架複々線化工事中の中央線阿佐ケ谷〜高円寺間。右側は地上を行く在来線で電車は上り快速東京行き。北側に先に高架複線を建設し、後から南側に高架複線を建設した。◎1963（昭和38）年6月18日　提供：朝日新聞社

1章 東京～高尾

地下鉄東西線直通の103系1200番台。「地下鉄線内快速」の表示がある。塗装は1970年の投入時は301系にあわせてライトグレーにイエローの帯だったが、中央・総武線各駅停車に205系が投入された際、誤乗防止のため東西線のラインカラーにあわせ青帯に変更された。
◎高円寺～阿佐ケ谷　1989（平成元）年10月1日　撮影：RGG（荒川好夫）

全車ダブルデッカー（2階建て）の215系による「ホリデー快速ビューやまなし号」新宿発小淵沢行き。215系は1992年に登場し、湘南ライナーおよび昼間の東京～熱海間快速として運行。1993年5月から「ホリデー快速ビューやまなし号」として新宿～小淵沢間を春夏秋の週末を中心に運行。現在でも春夏秋の土休日に新宿～小淵沢間で運行され、中央東線の名物列車となっている。◎阿佐ケ谷～荻窪　1994（平成6）年4月29日　撮影：RGG（荒川好夫）

101系ばかりだった中央快速線には1973（昭和48）年から103系も投入され、1979年からは高運転台のクハ103も投入された。前面に大形の「特快」表示板を付けた特別快速高尾行き。◎中野～高円寺　1980（昭和55）年2月3日　撮影：RGG（森嶋孝司）

中央・総武線各駅停車のカナリヤ色101系。平成に改元される前に同線から撤退した。◎高円寺～中野　1980（昭和55）年10月　撮影：安田就視

1章 東京〜高尾

山手線ウグイス塗装のクハ103を両端に連結した中央・総武線各駅停車103系。1985（昭和60）年から山手線に205系が投入され、従来の高運転台付きクハ103が各線へ転用された。誤乗防止のためイエローのステッカーが前面に貼られている。
◎中野〜高円寺　1986（昭和61）年5月17日　撮影：RGG（荒川好夫）

E電をPRするヘッドマークを取り付けた中央・総武線各駅停車のクハ103。JR東日本では従来の「国電」に代わる首都圏通勤電車の愛称を一般から公募し「E電」と決まり大いにPRされたが、定着しなかった。左は中央快速線を行く201系の快速高尾行きで、201系の正面窓「ブラックフェイス」部分にJRのロゴマークが入った。◎高円寺〜阿佐ケ谷　1987（昭和62）年5月16日　撮影：RGG（森嶋孝司）

中央・総武線各駅停車の高運転台クハ103（右）と地下鉄東西線直通用103系1200番台（左）のすれ違い。103系1200番台は1970年に301系の増備として登場し、2003（平成15）年5月まで301系とともに運行された。◎高円寺〜阿佐ケ谷　1983（昭和58）年11月19日　撮影：RGG（荒川好夫）

1章　東京〜高尾

中央快速線の101系（右）と中央・総武各駅停車の103系1200番台（左）。中央快速線の101系は1981年から201系への置き換えが始まり、1985（昭和60）年3月改正時に定期運用が終了した。103系1200番台は地下鉄東西線直通用301系の増備車である。◎高円寺〜阿佐ケ谷　1983（昭和58）年11月19日　撮影：RGG（荒川好夫）

165系の急行「アルプス」。1983年当時の中央東線は特急のほか急行「アルプス」「かいじ」も運転されていたが、4人向い合せ座席の急行は敬遠される傾向にあった。国鉄最後のダイヤ改正である1986（昭和61）年11月改正で中央東線の昼の急行（定期）は全廃され、すべて特急になった（昼行の臨時急行はその後も多客期に運転）。◎高円寺〜阿佐ケ谷　1983（昭和58）年11月19日　撮影：RGG（森嶋孝司）

複々線区間を行く115系の新宿行き普通電車(右)、201系の中央快速(中央)、101系の中央・総武各駅停車。当時、中距離普通電車の一部は新宿発着であり、新宿〜松本、長野間の長距離普通列車も運行され、新宿〜高尾間は立川、八王子のみに停車した。◎高円寺〜阿佐ケ谷　1983(昭和58)年11月19日　撮影：RGG(荒川好夫)

路線バス、タクシーの姿がある高円寺駅のロータリー。高円寺駅は1922（大正11）年に開業した旅客駅で、1966（昭和41）年に高架複々線の工事が完成し、営団地下鉄（現・東京メトロ）東西線の電車も停車するようになった。◎1966（昭和41）年　撮影：山田虎雄

隣の高円寺駅とともに、1922（大正11）年に開業した阿佐ケ谷駅南口の駅前ロータリーの姿である。高円寺駅より一足早く、2003（平成15）年に現在の駅舎にリニューアルされている。◎1966（昭和41）年　撮影：山田虎雄

1章　東京〜高尾

夏休みに一大イベント、東京高円寺阿波おどりが開催される高円寺駅の南口。北口側の高円寺純情商店街とともに、この南口側にも高円寺パル商店街、高円寺ルック商店街がある。◎1981（昭和56）年9月30日　撮影：RGG（森嶋孝司）

中杉通りが南北を貫く阿佐ヶ谷駅の南口。この中杉通りを南に歩くと、杉並区役所にたどり着く。阿佐ヶ谷駅の駅舎は2003（平成15）年にリニューアルされて、外観は一変した。◎1987（昭和62）年3月12日　撮影：RGG（松本正敏）

雑木林があり武蔵野の風景が広がる荻窪付近をゆくモハ63を先頭にした63系5両編成の東京行き。モハ63の特徴であった正面上側の通風口はふさがれている。ここは荻窪の西荻窪方の踏切だが現在は高架複々線化されまわりも市街化され当時の面影は全くない。◎荻窪 1950（昭和25）年2月 撮影：伊藤威信

103系1200番台の地下鉄東西線経由西船橋行き。103系1200番台は301系の増備として1970年に登場した。設計や整備を標準化するため増備車はアルミ車体の301系ではなく普通鋼の103系（1200番台）とし、塗装は301系にあわせライトグレーにイエローの帯とした。◎阿佐ケ谷〜荻窪 1986（昭和61）年6月27日 撮影：RGG（荒川好夫）

1章　東京〜高尾

中央・総武線各駅停車の103系は1979（昭和54）年から投入され、1988（昭和63）年12月改正時に103系および201系となった。（1982年から201系も中央・総武各駅停車に投入）その後、209系、E231系に順次置き換えられ、2001（平成13）年3月改正時に103系の運行を終了した。◎阿佐ケ谷〜荻窪　1986（昭和61）年5月16日　撮影：RGG（荒川好夫）

中央・総武線各駅停車の101系化は山手線へウグイス103系を投入し、山手線で運行されていたイエロー101系を転用する形で1963（昭和38）年から行われ、1969年4月にすべて101系となった。1988年11月限りで101系の運行を終了した。◎阿佐ケ谷〜荻窪　1986（昭和61）年6月16日　撮影：RGG（松本正敏）

青梅街道に向かって開かれている荻窪駅の北口。新宿側に置かれており、南口とは地下自由通路で結ばれていた。駅前には戦後の雰囲気が残っていたが、その後に駅舎は改築され、2011（平成23）年に北口駅前広場の整備も完了した。◎1964（昭和39）年　撮影：荻原二郎

中央快速線は1985(昭和60)年3月改正で201系化が完了した。中央快速線の201系同志のすれ違い。正面運転台下のJRロゴマークがアクセントとなっている。左は103系の中央・総武線各駅停車千葉行き。◎阿佐ケ谷～荻窪 1993(平成5)年4月8日 撮影：RGG(松本正敏)

1章 東京〜高尾

大糸線へ直通する糸魚川行きディーゼル急行「アルプス3号」。前2両は富士急行線乗り入れの急行「かわぐち4号」河口湖行き。「かわぐち」は1962(昭和37)年に運転開始。先頭は両運転台の珍車キハ58003(富士急行所属)。中央東線ディーゼル急行は1975(昭和50)年3月改正時に廃止された。この車両は1976年に有田鉄道(和歌山県)に譲渡され現在は有田川町鉄道交流館で保存されている。◎西荻窪〜吉祥寺 1974(昭和49)年3月18日 撮影：小川峯生

1966年に登場した地下鉄東西線直通用301系の回送電車が快速線を走る。地下鉄の断面が狭いため窓の開口部が狭くなっている。登場時は車体はアルミ地金のままで窓上にイエロー帯が入っているだけだったが、地上作業者への警告のため正面窓下にイエローの太帯と側面窓下のイエロー帯が追加された。後に腐食対策から車体のアルミ地金部分がライトグレーに塗装された。◎吉祥寺 1970(昭和45)年頃 撮影：RGG(荒川好夫)

高架化される前の吉祥寺駅の駅舎(北口)は、こんな小さな地上駅舎だった。駅前のスペースも狭く、自家用車、タクシーなどが、人があふれる細い道の間を通り、駅前にやってきていた。◎1965(昭和40)年　撮影：荻原二郎

1969(昭和44)年に駅ビル「吉祥寺ロンロン」が誕生した吉祥寺駅の北口。1987(昭和62)年には駅前広場が誕生する。現在は新しい駅ビル「アトレ吉祥寺」に変わっている。◎1981(昭和56)年6月1日　撮影：RGG(荒川好夫)

玉川上水の流れがある三鷹駅の北口。武蔵野の面影が残る風景の中、長閑な駅前の空気が漂う世界があった。現在は、駅前のロータリーも整備され、銀行のビルなどが並んでいる。◎1966(昭和41)年　撮影：山田虎雄

三鷹駅は1969(昭和44)年に橋上駅舎になっていたが、平成年間に入って南口側の大規模な再開発工事が開始された。現在はアトレヴィ三鷹となって、広場に向かってペデストリアンデッキが延びている。◎1986(昭和61)年9月19日　撮影：RGG(松本正敏)

1章 東京～高尾

三鷹駅で並ぶオレンジ色の101系。三鷹は御茶ノ水から続く中央線複々線区間の終点で駅の真下を玉川上水が流れる。
◎1970(昭和45)年代前半　撮影：RGG(河野豊)

201系電車は「電機子チョッパ制御」を導入し「省エネ電車」として1979(昭和54)年に試作車1編成が登場し、同年8月20日から中央快速線で営業運転が開始された。写真は同日に三鷹駅で行われた201系電車の出発式。「省エネ201」と書かれたヘッドマークが取付けられ省エネがPRされている。201系量産車は1981(昭和56)年から登場した。◎三鷹　1979(昭和54)年8月20日　撮影：RGG(荒川好夫)

三鷹駅の地下鉄東西線5000系（左）、101系豊田行き（中央）、通過中の165系急行（右）。◎撮影：RGG（荒川好夫）

1章 東京〜高尾

中央・総武線各駅停車の201系（右）と東西線直通用の301系（左）。301系は1966（昭和41）年の登場時はアルミ地金で、まもなく警戒色として前面にイエローの太帯が入った。後に車体のアルミ地金はライトグレーに塗装された。中央・総武線各駅停車への205系投入時に、301系の前面および側面の帯は誤乗防止のため東西線のラインカラーである青（ライトブルー）になった。◎三鷹電車区（現・三鷹車両センター）1993（平成5）年12月17日　撮影：RGG（荒川好夫）

1 章　東京〜高尾

1992（平成4）年9月に成田線で発生した衝突事故で運転士が死亡した。それが契機となり、踏切事故対策のため先頭部分にステンレス防護板を取り付けて強化したクハ165が現れた。正面はちょっと異様でファンから「鉄仮面」と呼ばれた。◎三鷹電車区　1993（平成5）年12月17日　撮影：撮影：RGG（森嶋孝司）

165系急行「アルプス」松本行き。急行「アルプス」は1965（昭和40）年7月の松本までの電化完成時に従来のディーゼル急行を電車化した。165系12両で前4両は飯田行き「こまがね」である。先頭にクハ165が2両連結される珍しい編成。8両目にビュフェ車（サハシ165）が連結されているが、1976（昭和51）年11月末限りで営業を終了した。
◎三鷹　1970（昭和45）年頃　撮影：RGG（荒川好夫）

1989（平成元）年、中央・総武線各駅停車に205系が投入されたが、編成数が少なく目立たない存在だった。1993年4月からの4編成運行が最大で、2002（平成14）年3月までに他線へ転出し、209系、E231系に統一された。◎三鷹電車区　1989（平成元）年7月31日　撮影：RGG（森嶋孝司）

営団地下鉄(現・東京メトロ)東西線から中央線へ直通する西船橋発の快速三鷹行き。1987(昭和62)年、半蔵門線用の8000系が暫定的に東西線に投入され、中央線三鷹まで運行された。ラインカラーも半蔵門線の紫(パープル)のままだった。1988年10月以降、東西線05系投入に伴い半蔵門線へ順次転出した。◎地下鉄東西線・原木中山　1988(昭和63)年8月21日　撮影:RGG(森嶋孝司)

1951（昭和26）年４月、三鷹〜武蔵野競技場前間3.2kmが開通した。戦時中の中島飛行機工場の跡地に開設された野球場（東京グリーンパークスタジアム）への観客輸送が目的で、プロ野球や大学野球が行われたが１シーズンだけで終わった。都心から遠すぎたためである。線路跡は一部が遊歩道に、球場跡地はUR武蔵野緑町パークタウンになっている。◎武蔵野競技場前　1951（昭和26）年５月　撮影：伊藤威信

グリーンパークスタジアムの空撮。その上（西）に都営住宅と進駐軍宿舎がある。中央に武蔵野競技場前のホームがある。◎1955（昭和30）年10月８日　提供：朝日新聞社

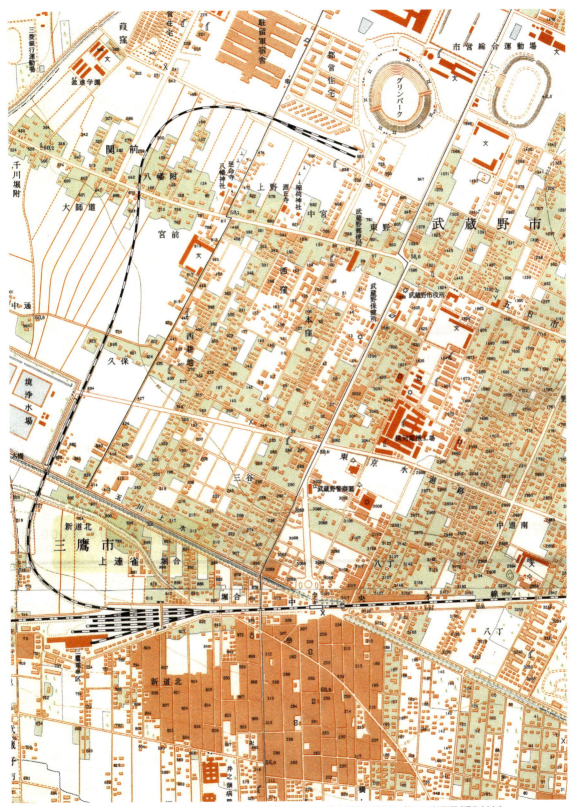

グリーンパーク(武蔵野競技場)支線の地図。三鷹電車区付近から分岐している。◎地理調査所発行1/10000地形図(昭和30年)

中央線の駅の中でも、近年大きく姿を変えた駅のひとつがこの武蔵境駅。最初に西武多摩川線のホームが高架化され、JR線の高架化が続いた。これは、高架工事以前のコンパクトな北口駅舎である。
◎1987（昭和62）年3月1日
撮影：RGG（松本正敏）

中央線高尾以遠の「汽車区間」から新宿への直通電車。先頭は横須賀線色の4ドア・ロングシートのクハ79（300番台）、2両目と3両目は同じく4ドア・ロングシートの低屋根車モハ72（850番台）で「山ゲタ」（山を走る横須賀線形電車という意味）と呼ばれた。山を走るゲタ電（国電は下駄のように気軽に乗れるので鉄道ファンの中にはゲタ電と呼ぶ人がいた）という意味である。4両目は「山スカ」クハ76。必ず1両はトイレ付車両が組み込まれた。◎武蔵境 1962（昭和37）年12月7日 撮影：小川峯生

武蔵境駅で入換えをする8620形蒸気機関車68688（八王子機関区）。当時、中央線各駅（電車専用駅を除く）には貨物ホームがあり貨物を扱っていた。機関車には操車係が乗って誘導していた。鉄道が多くの職員によって支えられていた時代である。
◎1961（昭和36）年12月15日
撮影：小川峯生

三鷹から先は田園地帯が広がっていた。武蔵野を走る新宿発甲府行き下り「山スカ」4両編成。先頭からクハ76－モハ71－モハ71－クハ76。右側にすれちがう101系上り電車が見える。◎武蔵境〜武蔵小金井　1962（昭和37）年2月　撮影：小川峯生

旧形国電72系の高尾行き。先頭はクハ79（400番台）で前照灯が埋め込み式になり、前面窓も傾斜して近代的になった。◎武蔵境〜武蔵小金井　1962（昭和37）年2月　撮影：小川峯生

関東大震災後（1924年）、花見客のための仮乗降場からスタートした武蔵小金井駅。現在は高架駅に発展しているが、これは地上駅舎時代の南口で、タクシーの数も少ない小さな駅だった。
◎1987（昭和62）年3月1日　撮影：RGG（松本正敏）

1章　東京〜高尾

橋上駅舎をもつ地上駅だった時代の東小金井駅で、北口側の歩道橋から駅舎を見た風景である。その後、2007（平成19）年に下り線、2年後（2009年）に上り線が高架化され、現在のような高架駅に変わった。◎1987（昭和62）年3月1日　撮影：RGG（松本正敏）

現在は高架駅に変わっている東小金井駅。地上駅時代の橋上駅舎を上空から見た姿である。跨線橋を渡って、北口側に歩く人々が見える。この頃の駅前には、まだ多くの空き地が残されていた。◎1966（昭和41）年 提供：小金井市

地上駅時代の武蔵小金井駅の北口駅前の風景である。右手に見える裸婦像は、1960年代に「世界連邦平和宣言」を記念してロータリーに設置されたもので、現在は再び駅前に設置されている。◎1966（昭和41）年 撮影：荻原二郎

クハ79（400番台）を先頭にした立川行きと101系（最後部クモハ100）の東京行き。中央快速線の全電車101系化は1960（昭和35）年11月でそれまでは旧形72系も走っていた。◎武蔵小金井　1962（昭和37）年2月　撮影：小川峯生

1章 東京〜高尾

ED17形電気機関車牽引の上り貨物列車。このED1721は甲府機関区所属。ED17は1923(大正12)〜1925年に東海道線(東京〜国府津間)、横須賀線電化用に英国から輸入された電気機関車で「デッカー」と呼ばれ当初はED50と称した。1931(昭和6)年、中央線甲府電化時に勾配用に歯車比を変更し、ED17形となり1960年代初めまで運行された。◎武蔵境〜武蔵小金井　1961(昭和36)年9月17日　撮影:小川峯生

武蔵小金井電車区(現・豊田車両センター武蔵小金井派出所)にズラリと並ぶ101系電車の下り方先頭クモハ100形。左から2番目は試作車クモハ100(900番台、製造時はモハ90 500番台)、屋根上の換気装置(ベンチレーター)の形が量産車と異なる。◎武蔵小金井電車区　1961(昭和36)年11月2日　撮影:小川峯生

歌謡曲にも歌われた三角屋根がシンボルだった国立駅の南口。この駅舎は三鷹〜立川間の高架工事のために取り壊されることになったが、地元の要望から解体・保存されて、復元を待っている。◎1986(昭和61)年12月16日 撮影：RGG(森嶋孝司)

1章 東京～高尾

小さな駅前広場とバス、タクシーの乗降場があり、昔ながらの商店街が広がっていた国分寺駅の北口駅前。現在は商業施設「ミーツ国分寺」をもつ駅ビルに変わり、駅前の風景も大きく変わりつつある。◎1981（昭和56）年10月4日 撮影：RGG（森嶋孝司）

南武線府中本町駅に隣接する下河原線東京競馬場前のホームに停車中の半流線形クモハ40形(クモハ40074)この車両は現在では大宮の鉄道博物館で保存されている。下河原線の国分寺〜東京競馬場前間は1973(昭和48)年3月末限りで廃止。後方に武蔵野線(1973年4月1日開業)が見える。◎1973(昭和48)年3月26日

中央線を走る荷物電車クモニ13形。両運転台のモハ34(後のクモハ12)の一部を戦後に荷物電車に改造した。1両で国電各線を走り新聞輸送にも活躍した。この付近は掘割で、現在の西国分寺駅付近である。◎国分寺〜国立 1964(昭和39)年 撮影：小川峯生

1章 東京〜高尾

先頭にクハ165が2両続けて連結された165系急行「アルプス」。先頭の4両は付属編成で飯田線、大糸線への直通または新宿〜甲府間増結車だった。◎国分寺〜国立　1965(昭和40)年　撮影：小川峯生

1973(昭和48)年4月1日に武蔵野線府中本町〜新松戸間が開業し、当初は中央快速線から転入したオレンジ色の101系1000番台6両編成が運行された。武蔵野線は貨物線として建設され、沿線人口も少なかったため、開通当初、旅客電車は最小限とされ朝夕15〜20分、昼40分間隔だった。◎西国分寺　1973(昭和48)年5月5日　撮影：小川峯生

101系の休日運転快速「みたけ」号。奥多摩への行楽客、ハイキング客のための快速は1960年代から春秋の休日に運転されていた。1970 (昭和45) 年から新宿から青梅線御嶽への休日快速に「みたけ」、氷川 (現・奥多摩) への休日快速に「おくたま」の愛称がついた。現在もホリデー快速おくたま号 (奥多摩発着) あきかわ号 (武蔵五日市発着) として土休日に運転されている。◎国分寺〜西国分寺　1981 (昭和56) 年10月4日　撮影：RGG (森嶋孝司)

1958 (昭和33) 年以来、中央快速線で運行されていた101系は1985 (昭和60) 年3月改正時に定期運行を終了した。同年4月29日、東京〜高尾間に101系7両の臨時電車が1往復運転され「さようなら101系電車」のヘッドマークが取付けられた。窓が全開され多くのファンが顔をだしている。◎国分寺〜西国分寺　1985 (昭和60) 年4月29日　撮影：RGG (森嶋孝司)

1 章　東京〜高尾

中央東線の115系普通電車(中距離電車)に連結されたクモユニ82(1両目)とクモニ83(2両目)。新笹子トンネル開通の1966(昭和41)年12月から特急「あずさ」が登場し、同時に新宿・高尾〜松本間に横須賀線色115系の普通電車が運転開始され、郵便荷物輸送のためクモユニ82、クモニ83が連結された。◎国分寺〜西国分寺　1981(昭和56)年10月4日　撮影：RGG(森嶋孝司)

中央線電車に連結された連合軍専用車。敗戦直後、連合軍(占領軍)将兵のために白帯の入った専用車両が電車、列車に連結され白帯車といわれた。写真は電装のない実質的な「クハ」である「クモハ」63120。運転室寄りが青帯2等車で日本人用、反対側がALLIED FORCES SECTIONと書かれた専用部分で日本人乗車禁止。2両目モハ63の乗務員室に「占領軍将兵立入禁止」の表示がある。◎国立　1950(昭和25)年2月　撮影：伊藤威信

1章 東京〜高尾

東京都西部で発展を遂げる立川の街の玄関口、立川駅周辺を南口上空から見た空撮写真。橋上駅舎はまだ誕生しておらず、南口側には小さな家屋が建ち並ぶ再開発前の姿である。一方、北口側には中武デパートなど新しいビルが登場していた。◎1967(昭和42)年9月28日　提供：朝日新聞社

戦前には日本を代表する飛行場があり、戦後は米軍基地を有する街の玄関口だった立川駅。この北口側は、現在のような巨大な駅舎ではないものの、この頃も立派な瓦屋根を備えた地上駅舎があった。◎1965（昭和40）年　撮影：荻原二郎

中央線の中でも、早くから駅舎の近代化が進んでいた立川駅。1982（昭和57）年に南北自由通路を備えた巨大な駅ビル「WILL」が完成した。現在はルミネ立川に進化し、駅ナカ施設も充実している。◎1983（昭和58）年4月14日　撮影：RGG（森嶋孝司）

メインの玄関口である北口に対して、立川駅の南口には小さな地上駅舎が存在するだけだった。とはいえ、この南口側には学校なども多く、商店街もあって、駅を目指す人々の流れは活発だった。◎1958（昭和33）年　提供：立川市

立川駅停車中のモハ31（1929年登場の17m車、後にクモハ11形200番台になる）先頭の中央線東京行き。正面ガラスにチョークで急行と書かれている。大形ガラスが確保できず、正面中央部のガラスは真ん中に「桟」が入り分割されている。敗戦から4年、国鉄の復興も目に見えて進み、この年の9月から特急が東京〜大阪間に復活した。左にボギー貨車「ワキ」が見える。◎立川　1949（昭和24）年10月　撮影：伊藤威信

五日市鉄道時代の蒸気機関車牽引の貨物列車。五日市線は武蔵五日市からバックし、三内信号場でさらに向きを変え、武蔵岩井まで延びていたが、1971（昭和46）年2月に武蔵五日市〜武蔵岩井間の旅客輸送を廃止。武蔵五日市〜大久野間は貨物線として残ったが、1982（昭和57）年11月に廃止された。◎五日市鉄道　武蔵五日市〜大久野　1937（昭和12）年8月5日　撮影：荻原二郎

青梅線で運行されていた両運転台クモハ40。朝夕ラッシュ時に立川方に増結された。◎青梅駅　1970年代　撮影：山田虎雄

1章　東京〜高尾

武蔵溝ノ口駅に到着した南武線101系さよなら電車。後方は東急田園都市線。中央・総武線各駅停車の101系は南武線に転入したが、1991（平成3）年3月改正時に南武線からも引退した。◎1991（平成3）年2月　撮影：荻原二郎

拝島駅の五日市線キハ04（戦前のキハ41000）。五日市線の電化は1961（昭和36）年4月でそれまではキハ04およびC11牽引客車列車が運行された。◎1957（昭和32）年3月　撮影：園田正雄

多摩川鉄橋を渡る181系上り特急「あずさ」中央線はトンネルの高さが低く、運転台上部のヘッドライトがない。そのため東海道・山陽線時代とは正面の趣が異なっている。◎1975(昭和50)年　撮影：高木堯男

多摩川鉄橋を渡るED16牽引の貨物列車。ED16は1931(昭和6)年に製造されたD形(動輪が4軸)電気機関車で中央線新宿(または飯田町)～甲府間および清水トンネルのある上越線水上～石打間で旅客、貨物列車を牽引した。1960(昭和35)年頃から南武線、青梅線で石灰石輸送列車を牽引した。◎立川～日野　1962(昭和37)年3月24日　撮影：小川峯生

1章 東京〜高尾

1901（明治34）年の開業当時、豊田駅の改札口はこの南口だけだった。この駅の置かれた場所は段差のある崖地であり、現在も橋上駅舎から自由通路を通り、階段を下りて南口に出ることになる。◎1965（昭和40）年　撮影：荻原二郎

多摩川の支流浅川にかかる浅川鉄橋を渡る「山スカ」クハ76を先頭にした4両編成。2、3両目は狭小トンネル対策でパンタグラフの高さを低くするために屋根を低くした「低屋根車」モハ71。冬の雪晴れの朝で、奥多摩の山々が朝日に照らされている。◎豊田〜八王子　1954（昭和29）年1月　撮影：伊藤威信

八王子駅は、東京都で23区に次ぐ、人口約57万人をもつ八王子市の玄関口である。現在は南北に駅ビル「CELEO」をもつ巨大駅だが、以前は戦後に竣工した四代目の駅舎が使用されていた。◎1965（昭和40）年　撮影：荻原二郎

八王子駅南口の駅前には、野猿街道が通っている。この当時、京王八王子駅とも連絡している北口側に比べると、駅舎も小ぶりで、駅前のスペースも広くはなかった。◎1967（昭和42）年　撮影：山田虎雄

1章 東京〜高尾

1967（昭和42）年10月から「あずさ」八王子停車。それを祝う鉄道弘済会の看板。◎撮影：山田虎雄

1965（昭和40）年頃の八王子駅南側。右は八王子機関区のレンガ造り車庫があり八高線用のキハ17系が止まっている。ちょうど101系電車が発車。横浜線は単線、昼間25分間隔でホームに屋根がない。◎1965（昭和40）年頃　所蔵：フォト・パブリッシング

横浜線は1932(昭和7)年10月に東神奈川〜原町田(現・町田)間が電化。原町田〜八王子間は非電化で気動車(ガソリン車)キハ42000形(戦後のキハ07形)が2両連結で運行。先頭はキハ42036。機械式で各車に運転士が乗務し、警笛の合図でクラッチを操作した。横浜線は相模原軍都計画で軍関係の施設が増えたため、1941(昭和16)年4月に全線電化された。◎八王子　撮影日不明　撮影：荻原二郎

八王子を出発したD51重連の機関車回送列車。先頭はD51 646(八王子機関区)。八高線のD51はセメント輸送などの貨物列車を牽引し1970(昭和45)年まで運行された。◎1970(昭和45)年2月　撮影：林嶢

1章 東京〜高尾

八王子駅停車の急行色キハ55「アルプス」。◎1955（昭和30）年頃　撮影：日比野利朗

八王子機関区で待機するD51 91とD51 740。背後にレンガ造りの機関庫がある。◎八王子機関区　撮影日不明　撮影：林嶢

太平洋戦争中の八王子空襲において焼失した西八王子駅。現在のような橋上駅舎になる前は、三角屋根をもつ、こんな木造駅舎（北口）が使用されていた。改札口の前には、路線バスを待つ人々が見える。◎1967（昭和42）年　撮影：荻原二郎

八王子には路面電車があった。1929（昭和4）年から翌年にかけて武蔵中央電気鉄道が京王電気軌道に接続し東八王子駅前（現在の京王八王子）〜浅川駅前〜高尾橋間が甲州街道上に開通、1932（昭和7）年には横山町〜八王子駅前間が開通したが、経営不振で1939（昭和14）年に全線廃止された。電車は6号で東八王子駅の表示がある。◎武蔵中央電気鉄道　八王子駅前　撮影日不明　撮影：荻原二郎

1章　東京〜高尾

高尾を通過する下り準急「第1白馬」(新宿発12:30松本着17:40)。前年1960年4月から準急「白馬」もキハ55系になったが準急のため所要時間に差が付けられた。(第2白馬は夜行) 1961 (昭和36) 年夏以降、「アルプス」「白馬」は急行用キハ58に置き換えられた。7両編成で5両目には1等車キロ28を連結。冷房がない時代で窓を開けて「涼」をとった。◎1961 (昭和36) 年7月　撮影：林嶢

高尾を発車する101系快速東京行き。1980年代後半まで朝夕ラッシュ時は快速だけで高尾から中野まで各駅に停車し、多摩地区から都内への遠距離通勤者から特別快速のラッシュ時運行への強い要望があったが、なかなか実現しなかった。1986 (昭和61) 年11月から平日夜間に下りだけ通勤快速が登場し、1993 (平成5) 年4月から朝ラッシュ時に上りだけ「通勤特快」が運転開始された。◎高尾　1970 (昭和45) 年前半　撮影：RGG (河野豊)

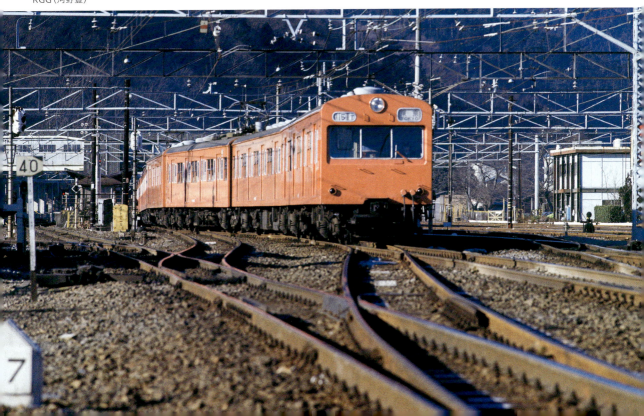

中央線の時刻表（大正13年）

東京～国分寺間に省線電車が運転されているが、中野から先は運転本数が減った。長距離列車は飯田町始発で、早朝発の1本だけが名古屋直通。

2章
相模湖〜甲府

甲府駅構内から北口を望む。駅構内には183系「グレードアップあずさ」とEF64（0番台）重連が待機している。現在はさらに整備され駅ビル「セレオ甲府」からのペデストリアンデッキが北口に向かって延びている。◎撮影：安田就視

2章
相模湖〜甲府

相模川、桂川に沿って相模湖から大月へ

　中央線八王子から先は官設鉄道として建設され、1901（明治34）年8月に上野原まで開通したのを皮切りに徐々に延長され、1902年には笹子トンネルが開通し翌1903（明治36）年6月に甲府まで開通した。山岳路線で勾配、トンネルが連続したため電化も早く、1931（昭和6）年4月に浅川（現・高尾）〜甲府間が電化され、電気機関車が旅客、貨物列車を牽引した。

　高尾を発車し、京王高尾線が単線で左へ分かれてゆくと山間部に入り、これまでの住宅で埋め尽くされた車窓が一変する。圏央道の巨大な高架橋をくぐり、ほどなく新小仏トンネル（2594m）に入る。この区間の複線化は1964年だが、在来の小仏トンネル（2545m）は上り線になった。この小仏峠は東京、神奈川の都県境で多摩川水系と相模川水系の分水嶺となっている。

　相模川をせき止めて造られた人工湖相模湖が現れ、北側に中央自動車道の巨大な橋脚が並ぶ相模湖駅を通過するとトンネルが連続し、その合間から相模川が見え隠れする。在来からの線は下り線、複線化時の新設線が上り線だが長いトンネルである。藤野をでてさらに西へ向かい神奈川、山梨県境を越えると上野原に着く。この駅と河岸段丘上で平行する川は桂川と名を変える。トンネルの合間から桂川が見える車窓がしばらく続くが、四方津は駅前に巨大な斜行エレベーターがあり、丘の上にはニュータウン「コモアしおつ」で東京への通勤圏となっている。

　鳥沢をでると鉄道写真の名所新桂川鉄橋（513m）を渡り猿橋トンネルへ突入する。鉄橋の眼下に桂川と平地が広がる。鳥沢〜猿橋間はかつて桂川の左岸を迂回し、車窓から日本三奇橋のひとつ猿橋が見えたが、複線化に際し1968年10月改正を機に新線に切換えられた。大月は富士急行との乗換駅だが、富士五湖方面への外国人観光客の増加で英中韓3ヶ国語の案内板が目立つ。1928（昭和3）年建築の山小屋風の駅舎は今でも現役でカメラを向ける観光客も多い。

　富士急行が急カーブで桂川とともに左へ分かれると、今度は中央道が少し離れて平行する。砕石輸送列車のためのスイッチバックが残る初狩を過ぎると左側（南側）にリニア中央新幹線（2027年、品川〜名古屋間開通予定）のトンネル部分が見える。リニア甲府駅は、身延線小井川駅から東に約3kmの甲府市大津町付近と決定しているが、リニアが中央線にどのような影響を与えるかは現時点では「不明」としかいいようがないだろう。

笹子トンネルを抜けて甲府盆地へ

　笹子をでると大きくカーブして笹子トンネルに突入する。下り線が1896年に着工され1902（明治35）年に完成した笹子トンネル（4656m）で建設当時日本最長であった。この開通で甲州への道が開かれ山梨の発展に大きく貢献することになった。複線化に際し平行して新笹子トンネル（4670m）が建設され1966年に完成した。トンネルを抜けると甲斐大和（旧・初鹿野）で中央線と並んでトンネルを抜けてきた中央道が左に続いている。さらに新深沢第2トンネル（1613m）、新大日影第2トンネル（1415m）と続き、2番目のトンネルを抜けると甲府盆地のパノラマが眼前に広がり、ほどなく勝沼ぶどう郷へ。ワイナリーのある勝沼ぶどうの丘が至近に見え、兜を伏せたような山（塩の山）もはるか右下に。この光景、日本三大車窓（狩勝、姨捨、矢岳）に勝るとも劣らないだろう。ぶどう畑の間を下り徐々に高度を下げてゆく。地図では勝沼ぶどう郷から北へ向かい塩山付近で大きく迂回して西へ向かっている。これは勾配を緩和するためであるが、地元では甲州出身の実業家雨宮敬次郎（1846〜1911）の尽力と信じられている。塩山では先にみた兜型の山がすぐそばに見え、勝沼付近を振り返ると山の斜面を線路が登っていることがわかる。

　ここから平坦になり甲府盆地に入る。ぶどう、桃などの果樹園が目立つが住宅やアパートと混在している。身延線が左からカーブして平行するが善光寺、金手駅はホーム1本で身延線だけにある。私鉄（富士身延鉄道）とした名残だ。身延線と合流する直前、進行右に善光寺（甲斐善光寺）が一瞬見えるが信州善光寺と正面から見た形がよく似ている。甲府駅は甲府城址に造られ、街の中心に位置し、県庁市役所も近い。駅前から高速バスも発着している。

2章　相模湖〜甲府

【駅データ】

	（所在地）	（キロ程）	（開業年）	（乗車人員）
相模湖駅（さがみこ）	神奈川県相模原市緑区与瀬1395	62.6km（東京起点）	1901（明治34）年8月1日	2,277人（2017年）
藤野駅（ふじの）	神奈川県相模原市緑区小渕1698	66.3km（東京起点）	1943（昭和18）年7月15日	2,339人（2017年）
上野原駅（うえのはら）	山梨県上野原市新田1025	69.8km（東京起点）	1901（明治34）年8月1日	5,041人（2017年）
四方津駅（しおつ）	山梨県上野原市四方津1981	74.0km（東京起点）	1910（明治43）年12月15日	1,641人（2017年）
梁川駅（やながわ）	山梨県大月市梁川町綱の上719-3	77.6km（東京起点）	1949（昭和24）年4月1日	227人（2010年）
鳥沢駅（とりさわ）	山梨県大月市富浜町鳥沢319-2	81.2km（東京起点）	1902（明治35）年6月1日	871人（2014年）
猿橋駅（さるはし）	山梨県大月市猿橋町殿上346	85.3km（東京起点）	1902（明治35）年10月1日	1,358人（2017年）
大月駅（おおつき）	山梨県大月市大月1-1-1	87.8km（東京起点）	1902（明治35）年10月1日	5,377人（2017年）
初狩駅（はつかり）	山梨県大月市初狩町下初狩3390	93.9km（東京起点）	1910（明治43）年2月10日	393人（2012年）
笹子駅（ささご）	山梨県大月市笹子町黒野田1340	100.4km（東京起点）	1903（明治36）年2月1日	142人（2010年）
甲斐大和駅（かいやまと）	山梨県甲州市大和町初鹿野1716-1	106.5km（東京起点）	1903（明治36）年2月1日	143人（2013年）
勝沼ぶどう郷（かつぬまぶどうきょう）	山梨県甲州市勝沼町菱山3052	112.5km（東京起点）	1913（大正2）年4月8日	450人（2017年）
塩山駅（えんざん）	山梨県甲州市塩山上於曽1720	116.9km（東京起点）	1903（明治36）年6月11日	2,086人（2017年）
東山梨駅（ひがしやまなし）	山梨県山梨市上之割192	120.1km（東京起点）	1957（昭和32）年2月5日	669人（2010年）
山梨市駅（やまなしし）	山梨県山梨市上神内川1561	122.2km（東京起点）	1903（明治36）年6月11日	1,788人（2017年）
春日居町駅（かすがいちょう）	山梨県笛吹市春日居町別田393-5	125.0km（東京起点）	1954（昭和29）年12月1日	510人（2010年）
石和温泉駅（いさわおんせん）	山梨県笛吹市石和町松本177-1	127.8km（東京起点）	1903（明治36）年6月11日	2,961人（2017年）
酒折駅（さかおり）	山梨県甲府市酒折1-1-10	131.2km（東京起点）	1926（大正15）年2月11日	2,203人（2017年）
甲府駅（こうふ）	山梨県甲府市丸の内1-1-8	134.1km（東京起点）	1903（明治36）年6月11日	15,090人（2017年）

1901（明治34）年、地名である「与瀬」の駅名で開業した相模湖駅。戦後の1956（昭和31）年に現在の駅名に改称した。南側には、相模ダム誕生により姿を現した人造湖、相模湖があり、北には孫山がそびえる山間の駅である。
◎1970年代　撮影：山田虎雄

太平洋戦争中の1943（昭和18）年に誕生した藤野駅。当時は小淵村にあり、1955（昭和30）年に藤野町の駅となった。現在は相模原市緑区に変わり、駅舎も2012（平成24）年に改築された。◎1970年代　撮影：山田虎雄

小仏峠を行くクハ76先頭の「山スカ」8両編成の河口湖行き。当時、浅川(現・高尾)から先は単線で列車はタブレット(いわば通行券)を携行した。そのタブレットを収納したタブレットキャリアーが運転席にかけられている。◎浅川〜与瀬　1953(昭和28)年10月　撮影：伊藤昭

浅川(1961年3月20日に高尾と改称)を出て単線の築堤を走るEF52形電気機関車牽引の準急405列車(新宿発8:10松本着13:48、1955年に穂高と命名)。客車は8両編成で機関車の次が戦災復旧の荷物車オニ70、2両目以降はオハ35中心で後ろから2両目が当時の2等車で17mのオロ31と思われる。次駅の与瀬は1956年4月10日に相模湖と改称された。◎浅川〜与瀬　1952(昭和27)年10月　撮影：伊藤昭

2章 相模湖〜甲府

高尾をでて山間部へ入り小仏峠へ向かうEF13形電気機関車牽引の新宿発長野行き普通423列車(新宿発6:15長野着16:28)。1965(昭和40)年7月の松本電化(アルプス電化といわれた)で電車急行が登場したが、荷物車・郵便車を連結した客車普通列車も引き続き運転された。現在はこの先で圏央道の巨大な高架橋と交差している。この区間の複線化は1964年に完成した。◎高尾〜相模湖　1965(昭和40)年10月　撮影：伊藤昭

貨物用EF10形電気機関車が牽引する客車普通列車。中央本線は浅川(現・高尾)から先は勾配とトンネルが連続するため幹線としては早く1931(昭和6)年4月に甲府までの電化が完成した。貨物用機関車(ED16、EF10、EF13など)が旅客列車を牽引し、冬季は暖房車(暖房用ボイラを搭載し、客車に暖房用蒸気を送る)が連結された。◎与瀬　1953(昭和28)年10月　撮影：伊藤昭

上野原の藤野方（国道20号との交差地点付近）を行くクハ76先頭の「山スカ」8両編成。2両目はモハ71、3両目は4ドア、ロングシートのモハ72 850番台。複線化工事中で右側が新線で完成後は下り線。左側が従来の線で軌道強化工事中、完成後は上り線となる。◎藤野～上野原　1968（昭和41）年6月　撮影：伊藤昭

2章 相模湖〜甲府

上野原を通過する上り「第1あずさ」(松本発8:00新宿着11:55)181系10両。先頭はボンネットスタイルのクハ181で食堂車を連結した。所要時間は約4時間で、2時間25〜40分前後の現在とは隔世の感がある。画面右に駅前から上野原市街地への坂道が見える。◎1968(昭和41)年6月 撮影:伊藤昭

上野原通過の下り急行「第2アルプス」(新宿発10:10松本着14:42)前面に「アルプス」の小ぶりなヘッドマークがある。湘南色165系12両編成で前4両が併結の飯田行き「第2赤石」(飯田着15:40)である。画面右にED61牽引の下り貨物列車が急行を待避している。◎1968 (昭和41)年6月 撮影:伊藤昭

2章　相模湖〜甲府

185系200番台による特急「はまかいじ」。1996（平成8）年4月27日、運転開始初日の「はまかいじ」号。当初は横浜〜甲府間運転であったが、1998年から松本まで延長。主として春、秋の土日に運転され、通勤線区である横浜線唯一のクロスシート車で車窓を楽しめた。2019年1月3日の運転が最後で、2019年春の臨時列車から「はまかいじ」は姿を消している。◎初狩〜笹子　1996（平成8）年4月27日　撮影：RGG（荒川好夫）

新桂川橋梁（通称鳥沢鉄橋）を渡る183系1000番台の特急「あずさ」。1982（昭和57）年11月の上越新幹線開業に伴い、特急「とき」の183系1000番台が長野に移動し、特急「あずさ」に189系とともに使用された。◎鳥沢〜猿橋　1983（昭和58）年1月9日　撮影：RGG（高木英二）

梁川〜四方津間は複線化に際し別線線増方式が取られ、従来の線が下り線となり、上り線は新設され大部分がトンネルとなった。写真は上り線のトンネル間に架かるコンクリートアーチ橋を行く115系電車。◎1990（平成2）年11月　撮影：安田就視

新桂川橋梁（全長513m）を渡る旧線は画面「左側」方向。眼下に桂川が流れ、複線化前の旧線は画面右側方向、桂川沿いに通っていた。現在でも旧線の線路跡を随所にみることができる。◎鳥沢〜猿橋　1990（平成2）年4月　撮影：安田就視

2章 相模湖〜甲府

山小屋風駅舎で知られる大月駅。1928(昭和3)年に建築された。駅周辺整備事業で橋上化される予定だったが、大月市の財政難で凍結されている。駅北側にそびえる岩殿山(635m)は戦国時代の城跡で今では遊歩道が整備され桜の名所である。◎2000(平成12)年4月26日　撮影：安田就視

大月は富士急行(当時は富士山麓鉄道)の始発駅で富士吉田(現・富士山)を経由して河口湖へ向かう。電車は1956年に登場した富士急オリジナルの3100形。正面2枚窓、湘南スタイルの高性能車だったが、1997年に廃車となった。◎1960(昭和35)年1月23日　撮影：荻原二郎

笹子トンネルの初鹿野方を出る183系特急「あずさ」。画面右が下り線で1902(明治35)年に開通した当時日本最長の笹子トンネル(4656m)、画面左が上り線で1966(昭和41)年に開通の新笹子トンネル(4670m)。複線化に際し、従来の笹子トンネルに平行して新トンネルが掘削された。中央線は笹子トンネル開通の翌1903(明治36)年6月に甲府まで開通した。◎笹子～初鹿野(現・甲斐大和) 1990(平成2)年11月 撮影:安田就視

2章 相模湖〜甲府

塩山駅の改札口。時計は11時10分を指し、3番線ホームには横須賀線色の115系電車が停車中。この電車は韮崎〜甲府〜塩山間の区間運転電車で、塩山で折返しのために停車中。撮影時は木造駅舎だったが1986年に橋上化された。◎1982（昭和57）年8月12日　撮影：安田就視

勝沼は25‰勾配の途中にある駅で、かつてはスイッチバック駅だった。駅のホームからは甲府盆地を見下ろすことができ、背後には南アルプスが連なる。付近はぶどう畑が広がり勝沼ぶどうの丘も眺められ、スイッチバック時代の旧ホームには桜が植えられ桜の名所でもある。1980年に鉄筋の現在の駅舎になり、1993年4月に勝沼ぶどう郷に改称された。◎1982（昭和57）年8月12日　撮影：安田就視

2章 相模湖〜甲府

果樹園の桃と183系特急「あずさ」。「あずさ」の183系および189系は長野冬季オリンピック開催決定の1992年からフォギーグレーを基調に窓回りがアルパインブルーとファンタジーバイオレットの塗装に変更された。◎東山梨〜塩山　1990（平成2）年4月8日　撮影：安田就視

1961（昭和36）年、石和駅近くの田園地帯で温泉が噴出し、湯量も豊富で駅にも近く交通便利なことから旅館街、歓楽街が田んぼの中に出現し、首都圏の奥座敷となった。1993（平成5）年に石和は石和温泉と改称した。長らく木造平屋建ての駅舎だったが、2015年に橋上駅舎になった。◎1982（昭和57）年8月12日　撮影：安田就視

紅葉たけなわの初鹿野〜勝沼間下り線を行く115系の普通電車。この区間の下り線は1997年に新深沢第二トンネル、新大日影第二トンネルが開通し新線に切り替えられたためこの光景は見られない。
◎1983（昭和58）年11月23日　撮影：RGG（森嶋孝司）

2章 相模湖〜甲府

「あずさ」用の183・189系は1992（平成4）年から長野オリンピック開催決定を機に塗色が変更され、フォギーグレイを基調に窓回りにアルパインブルーにファンタジーバイオレットを配した配色となった。「あずさ」は全車両がこの塗色になった。◎初鹿野～勝沼　1993（昭和58）年3月16日　撮影：RGG（松本正敏）

2章　相模湖～甲府

崖の中腹に架設された鉄橋を行く横須賀線色の70系電車。クハ76の次は低屋根のモハ71で中央東線のトンネル断面が狭いため、パンタグラフの高さを確保するため電動車は屋根を低くし「山スカ」と呼ばれ、1952（昭和27）年に登場し1976（昭和51）年まで運行された。この区間は現在ではトンネルに切り替えられた。◎初鹿野　1973（昭和48）年9月　撮影：RGG（荒川好夫）

1993（平成5）年4月1日、勝沼駅は勝沼ぶどう郷駅に改称された。満開の桜をバックに走る115系の普通電車。勝沼駅付近の線路の両側は桜の名所で開花時期には多くの鉄道ファンでにぎわう。◎1993（平成5）年4月18日　撮影：RGG（荒川好夫）

アイボリーと窓下の緑の塗分け「旧長野色」の169系臨時電車。この塗装は1989年に出現したが、1992年からアイボリーホワイトと空色（スカイブルー）塗分けの「長野色」に順次変更された。前面のマークは武田信玄の家紋にちなんだもの。◎勝沼ぶどう郷　1993（平成5）年4月18日　撮影：RGG（荒川好夫）

183系1000番台の「グレードアップあずさ」。中央東線特急「あずさ」は中央自動車道の高速バスとの競争が激しく、1987年から89年にかけて「グレードアップ化」を行い、指定席車の側面窓の拡大、座席床面のかさ上げ、シートピッチ拡大などが行われた。同時に白を基調に窓まわりに赤と緑の線が入る塗装変更が行われた。この塗装の評判はいいとはいえず、1992年以降に塗装が変更された。
◎塩山～東山梨　1992（平成4）年7月29日　撮影：RGG（松本正敏）

甲府盆地の果樹園の中を行くEF64（0番台）牽引の貨物列車。中央東線の電気機関車は1970年代初めにEF13からEF64に交代した。現在では2車体連結のEH200が貨物列車を牽引する。◎撮影：安田就視

1992年9月に成田線の踏切で発生した大形ダンプカーと電車との衝突事故があり、その対策として電車の正面にステンレスの防護板を取り付け、前面を強化することになった。正面はステンレスが張られ「鉄仮面」と呼ばれたが、その後塗装された。写真は防護板が取り付けられたクモハ115。◎塩山～東山梨　1994（平成6）年4月29日　撮影：RGG（松本正敏）

桃の花咲く果樹園とE257系（0番台）の「かいじ」、E257系（0番台）は2001〜02年にかけて登場し「あずさ」「かいじ」の183系、189系を置換えたが、2017〜19年にE353系に置き換えられた。特徴はアイボリーホワイトを基調にした塗色と側面中央の幾何学模様で、模様は1両1両異なっている。E257系0番台は現在では臨時列車として運行。◎山梨市〜春日居町 2003（平成15）年4月17日　撮影：安田就視

2章 相模湖〜甲府

塩山をでると甲府盆地に入り、果樹園が車窓に現われるが、農家の作業場や戸建て住宅、アパートも増えていて甲府が近いことをうかがわせる。写真の115系は長野車両センター（長野支社）配置の「長野色」だが、豊田車両センター（八王子支社）配置の「横須賀線色」（通称スカ色）の2種類があった。◎山梨市〜春日居町 2003（平成15）年4月17日 撮影：安田就視

正面窓が小さいED24形。ドイツ製ED57を戦後貨物用ED24に改造した。◎西国立　1956（昭和31）年5月　撮影：日比野利朗

2章 相模湖～甲府

EF10に電気回生ブレーキを取り付けたEF11形。◎八王子機関区　1955（昭和30）年頃　撮影：日比野利朗

アトム機関車といわれたED61形。◎甲府機関区　1962（昭和37）年10月　撮影：日比野利朗

駅正面に大時計があった地上駅舎時代の甲府駅。1903(明治36)年の開業以来、山梨県の県庁所在地・甲府の玄関口の役割を果たし、現在の中央本線の主要駅となってきた。◎1961(昭和36)年8月26日　撮影：荻原二郎

1985年にオープンした甲府駅南口の駅ビル「エクラン」はその後改修され、2015年3月「セレオ甲府」となった。5階建てで駅ビル2階には改札口、みどりの窓口があり、北口とむすぶ南北自由通路もある。◎1986(昭和61)年4月　撮影：安田就視

正面の三角屋根がシンボルだった甲府駅の木造駅舎。1925（大正14）年に建てられ県都甲府の玄関として親しまれてきた。1903（明治36）年の鉄道開通時、甲府城址を分断するように駅が造られた。駅地区の甲府城址は舞鶴城公園になっている。駅舎は1984年に橋上化され、翌1985年に駅ビル「エクラン」（現、セレオ甲府）がオープンした。◎1982（昭和57）年8月12日　撮影：安田就視

1932（昭和7）年12月、馬車鉄道を引継ぎ山梨電気鉄道甲府駅前～甲斐青柳間20.3kmが開通し、太平洋戦争末期に県内のバス会社と合同して山梨交通になり、山梨交通電車線となった。終点甲斐青柳は山梨県峡西地方の中心で現在は南巨摩郡富士川町。身延線市川大門は富士川を挟んだ反対側にある。甲府市中心部は併用軌道で路面を走ったが、道路の整備で1962（昭和37）年6月に廃止された。◎山梨交通電車線　1960（昭和35）年1月20日　撮影：小川峯生

甲府駅前と甲斐青柳を結んでいた山梨交通電車線は地元では親しみをこめてボロ電と呼ばれていたが1962(昭和37)年に廃止された。写真の7号は同形の8号とともに1948(昭和23)年に製造され、廃止後上田丸子電鉄(現・上田電鉄別所線)へ譲渡、さらに1971(昭和46)年に江ノ島電鉄に譲渡されモハ800形801、802号となった。1986(昭和61)年に廃車後、この7号(江ノ電801号)は地元へ里帰りし富士川町利根川公園で保存されている。◎今諏訪　1961(昭和36)年8月26日　撮影：荻原二郎

甲府駅の南口側の上空から見た空撮写真であり、駅北口からは武田通りが延び、南口からは平和通り、舞鶴通りが走っている。南口側にはロータリー、駐車場など広いスペースがあり、「Yamako」の看板がある山梨交通、甲府松菱のビルが見える。◎1953（昭和28）年12月23日　提供：朝日新聞社

2章 相模湖〜甲府

中央線の時刻表（昭和36年）

ディーゼル急行が昼4本、夜行2本運転されている。新宿23時45分発の長野行き「山男列車」も走っている。

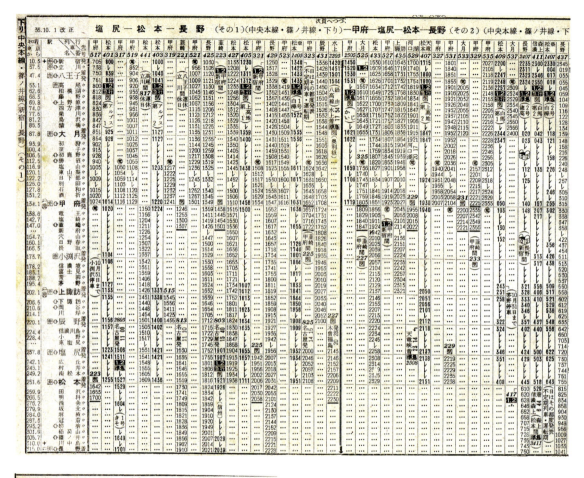

3章
竜王〜松本
（塩尻〜松本は篠ノ井線）

韮崎を過ぎると再び25‰の上り勾配が続き、蒸気機関車時代は難所だった。八ヶ岳の山々を望むカーブを走るスカ色（横須賀線色）の115系上り立川行き電車。スカ色の115系は1966（昭和41）年の登場時は三鷹電車区（現・三鷹車両センター）に配置され、新宿〜松本間の長距離運行も出現したが、1986（昭和61）年に豊田電車区（現・豊田車両センター）に配置替えとなった。◎長坂〜小淵沢　1990（平成2）年4月　撮影：安田就視

3章
竜王〜松本（塩尻〜松本は篠ノ井線）

勾配連続を登り八ヶ岳を望む高原へ

　甲府から先の建設も順調に進んだ。甲府まで開通した1903（明治36）年の12月には韮崎まで開通し、富士見、岡谷と順次延伸し、1906（明治39）年6月には塩尻まで開通した。すでに篠ノ井線（当時は中央線の一部）松本〜塩尻間が1902（明治35）年12月に開通していたので、この時をもって松本、長野まで開通したことになる。（長野〜松本間の全通は1902年6月）一方、中央西線は官設鉄道として建設され、1900（明治33）年7月、名古屋〜多治見間の開通を皮切りに順次延伸したが、木曽谷の難工事もあってやや遅れ、1911（明治44）年5月、宮ノ越〜木曽福島間が開通して、東西の中央線は結ばれ、線路名称も中央本線、塩尻〜長野間が篠ノ井線となった。

　甲府以西も勾配が連続するため、早くから電化の必要性が叫ばれていたが「地方幹線」であるためやや遅れ、1964（昭和39）年10月に甲府〜上諏訪間が電化、翌1965（昭和40）年7月には松本まで電化開業し「アルプス電化」といわれ、165系電車急行が登場した。

　甲府を出てからしばらくは平坦な甲府盆地を走るが、韮崎から小淵沢まで八ヶ岳噴火による溶岩で形成された七里岩台地を登るため25‰の上り勾配が連続する。蒸気機関車時代は韮崎、新府、穴山、長坂とスイッチバック駅が続いていた。韮崎のかつてホームがあった場所には量販店が建っているが、このあたりから右に八ヶ岳が山容を表わす。日野春付近は台地上にあり進行左に釜無川とその流域が見下ろせ、南アルプスが遠望される。

　高原列車で知られる小海線への乗換駅小淵沢は2017年に駅舎が建替えられ屋上に展望台ができ、甲斐駒ケ岳、八ヶ岳が眺められる。分岐する小海線の壮大な築堤が右へと別れ、この先で県境を越え長野県に入る。ここまで来ると高原の風情で、次の信濃境は甲斐と信濃の境にあることからその名があるが、1997（平成9）年のTVドラマ「青い鳥」（TBS系列）の舞台にもなった高原の駅で、今でもドラマの舞台になった旨の表示がある。信濃境〜富士見間は1980年の新線に切換えられているが、進行右側には廃線となった旧立場川橋梁が見え、今では立派な鉄道遺跡だ。この立場川は釜無川を経て富士川水系になるが、富士見西側の宮川は諏訪湖に流れ込み、この付近は分水界となっている。

　標高955.2mの富士見は中央線最高地点の駅で（小海線以外ではJR最高地点）で標高266mの甲府から約700m上ることになる。この駅を有名にしたのは近くの富士見高原療養所に入所していた作家堀辰雄（1904〜1953）の小説「風立ちぬ」であるが、「風立ちぬ、今は秋」で始まる松田聖子の「風立ちぬ」（作詞松本隆、作曲大瀧詠一）をくちずさみながら初秋の富士見高原を散策するのもよいだろう。

日本のジュネーブから大八回りで松本へ

　精密機械工業が立地する上諏訪、下諏訪は諏訪湖に面し「日本のジュネーブ」ともいわれる。次の岡谷から1983（昭和58）年7月に塩嶺トンネル（5994m）を通過して塩尻に至る複線新線が開通し、中央線のメインルートだが「大八回り」で辰野を回ることにする。岡谷から昔のままの単線で諏訪湖から流れ出る唯一の川である天竜川に沿い、伊那谷を経由する中央道を見上げながら進む。

　この大八回りは明治時代の中央線ルート決定の際、経由地をめぐり木曽谷と伊那谷で激しい綱引きが起き木曽谷経由に決まったが、伊那地方出身の政治家伊藤大八（1858〜1927）の尽力で伊那谷の入口である辰野経由となったもので大八回りと呼ばれる。1909（明治42）年には飯田線の前身伊那電気軌道が伊那松島まで開通している。辰野から中央線は北へ向かって大きくカーブしており、無理？な迂回であることを暗示しているようだ。山あいの単線を進み、天竜川水系と信濃川水系の分水界善知鳥峠を善知鳥トンネル（1678m）で抜けると松本盆地の南端が眼下に広がり、大きくカーブして勾配を下り塩尻に向かう。下の平地をみどり湖経由の新線が横切っているが、新線からは勾配を登る旧線や大カーブを遠望でき、明治と昭和末期の鉄道建設の違いを観察できる。塩尻で中央西線と合流し、篠ノ井線となって松本へ向かう。

辰野～塩尻間単行運転用の「ミニエコー」クモハ123-1は1990年の赤とライトグレーを基調にした塗装に変更され、2013(平成25)年3月まで運行された。◎小野～塩尻　1990(平成2)年5月24日　撮影：RGG (荒川好夫)

【駅データ】（塩尻～松本間は篠ノ井線）

駅名	所在地	キロ程	開業年	乗車人員
竜王駅（りゅうおう）	山梨県甲斐市竜王新町419－4	138.6km（東京起点）	1903（明治36）年12月15日	2,355人（2017年）
塩崎駅（しおざき）	山梨県甲斐市下今井100－3	142.7km（東京起点）	1951（昭和26）年12月25日	1,120人（2017年）
韮崎駅（にらさき）	山梨県韮崎市若宮1－1－1	147.0km（東京起点）	1903（明治36）年12月15日	2,682人（2017年）
新府駅（しんぷ）	山梨県韮崎市中田町中條4103－1	151.2km（東京起点）	1972（昭和47）年9月10日	68人（2010年）
穴山駅（あなやま）	山梨県韮崎市穴山町4248－2	154.7km（東京起点）	1913（大正2）年8月1日	186人（2010年）
日野春駅（ひのはる）	山梨県北杜市長坂町富岡50	160.1km（東京起点）	1904（明治37）年12月21日	590人（2017年）
長坂駅（ながさか）	山梨県北杜市長坂町長坂上条2575	166.3km（東京起点）	1918（大正7）年12月11日	1,131人（2015年）
小淵沢駅（こぶちざわ）	山梨県北杜市小淵沢町	173.7km（東京起点）	1904（明治37）年12月21日	1,532人（2017年）
信濃境駅（しなのさかい）	長野県諏訪郡富士見町境	178.2km（東京起点）	1928（昭和3）年11月1日	166人（2015年）
富士見駅（ふじみ）	長野県諏訪郡富士見町富士見4654－796	182.9km（東京起点）	1904（明治37）年12月21日	922人（2017年）
すずらんの里駅（すずらんのさと）	長野県諏訪郡富士見町富士見	186.1km（東京起点）	1985（昭和60）年10月31日	357人（2011年）
青柳駅（あおやぎ）	長野県茅野市金沢青柳	188.0km（東京起点）	1905（明治38）年11月25日	208人（2011年）
茅野駅（ちの）	長野県茅野市ちの	195.2km（東京起点）	1905（明治38）年11月25日	3,753人（2017年）
上諏訪駅（かみすわ）	長野県諏訪市諏訪1	201.9km（東京起点）	1905（明治38）年11月25日	4,367人（2017年）
下諏訪駅（しもすわ）	長野県諏訪郡下諏訪町広瀬町	206.3km（東京起点）	1905（明治38）年11月25日	2,056人（2017年）
岡谷駅（おかや）	長野県岡谷市本町1	210.4km（東京起点）	1905（明治38）年11月25日	3,227人（2017年）
みどり湖駅（みどりこ）	長野県塩尻市大字西条道畑	218.2km（東京起点）	1983（昭和58）年7月5日	315人（2011年）
川岸駅（かわぎし）	長野県岡谷市川岸東	213.9km（東京起点）	1923（大正12）10月28日	91人（2011年）
辰野駅（たつの）	長野県上伊那郡辰野町辰野	219.9km（東京起点）	1906（明治39）年6月11日	611人（2017年）
信濃川島駅（しなのかわしま）	長野県上伊那郡辰野町上島	224.2km（東京起点）	1955（昭和30）年4月1日	8人（2011年）
小野駅（おの）	長野県上伊那郡辰野町小野	228.2km（東京起点）	1906（明治39）年6月11日	143人（2017年）
塩尻駅（しおじり）	長野県塩尻市大門八番町	222.1km（東京起点）	1902（明治35）年12月15日	4,215人（2017年）
広丘駅（ひろおか）	長野県塩尻市大字広丘野村	3.8km（塩尻起点）	1933（昭和8）年7月10日	2,693人（2017年）
村井駅（むらい）	長野県松本市村井町南1－36－14	6.8km（塩尻起点）	1902（明治35）年12月15日	1,783人（2017年）
平田駅（ひらた）	長野県松本市平田西	8.8km（塩尻起点）	2007（平成19）年3月18日	1,527人（2017年）
南松本駅（みなみまつもと）	長野県松本市出川町	10.9km（塩尻起点）	1944（昭和19）年9月1日	1,630人（2017年）
松本駅（まつもと）	長野県松本市深志1	13.3km（塩尻起点）	1902（明治35）年6月15日	16,597人（2017年）

甲府機関区に待機するD51 246、C12 8、D51 584。C12は入換え用である。◎甲府機関区　1961（昭和36）年7月13日　撮影：林嶢

甲斐上野駅を発車する身延線クモハユニ44801。身延線が旧型国電王国だった時代の日常の一コマである。
◎1960（昭和35）年1月20日　撮影：小川峯生

甲府～竜王間の荒川鉄橋を渡る準急「白樺１号」(新宿発13:48松本着19:51)。甲府から先は非電化でD51が牽引した。1961(昭和36)年10月改正で新宿～松本間のディーゼル急行が増発され、6往復になったが、客車準急も残った。この列車は不定期列車(季節列車)のため、単線区間での対向列車待ち合わせが多く、新宿～松本間で約6時間を要した。◎甲府～竜王　1963(昭和38)年５月４日　撮影：林嶢

甲府～竜王間の荒川鉄橋を渡るキハ07形１両(単行)の甲府～韮崎区間列車。当時、甲府周辺の区間運転が塩山～甲府間で身延線電車により、甲府～韮崎間でキハ07により運行された。キハ07は戦前製造の機械式ディーゼル車で旧形式キハ42500形。製造時はガソリン車で戦後ディーゼルエンジンに交換された。当時、甲府機関区にキハ07が３両は配置されたが、機械式のため連結運転の際は各車に運転士が乗務した。◎1963(昭和38)年５月　撮影：林嶢

韮崎付近ですれちがう荷物電車を連結した普通電車。右が湘南色クモニ83と80系電車（442M、長野発甲府行き）、左が「スカ色」のクモニ83と115系電車（433M、高尾発松本行き）。甲府以北には80系「湘南形」も運行されていた。勾配途中で右に平地が見下ろせる。◎韮崎付近　1973（昭和48）年11月10日　撮影：小川峯生

1989年に出現したアイボリーホワイトと緑の塗分け「旧長野色」の115系1000番台。この区間は上下線の間が開き、晴れた日は八ヶ岳をバックにした撮影名所である。◎長坂～小淵沢　1992（平成4）年7月29日　撮影：RGG（松本正敏）

中央東線の年表

1886(明治19)年11月10日	甲武馬車鉄道が、新宿～八王子間の鉄道免許を取得する。
1887(明治20)年3月5日	内務大臣の山縣有朋が、川崎～八王子間の路線を出願した武蔵鉄道の敷設不要案を閣議に提出する。
1887(明治20)年12月	鉄道局が新宿～八王子間の実測を開始した結果、中野から立川まで直線に伸びる現在のルートが決定する。
1888(明治21)年5月2日	日本鉄道社長の奈良原繁を社長に据え、甲武馬車鉄道を改称した甲武鉄道が発足する。
1889(明治22)年4月11日	甲武鉄道の新宿～立川間が開業。新宿、中野、境(現・武蔵境)、国分寺、立川の5駅が開業。1日4往復の列車が運転される。
1889(明治22)年8月11日	立川～八王子間が延伸開業し、甲武鉄道が当初に計画した路線が全通する。
1889(明治22)年8月	長野県飯田の伊原五郎兵衛ら15人が、飯田出身の官僚中川元に、名古屋～飯田～上伊那間の鉄道路線の仮測量を建議する。
1892(明治25)年6月21日	鉄道敷設法が公布され、八王子から本州の中央部を通り名古屋に至る「中央線」が第1期線に指定される。
1894(明治27)年10月9日	新宿～牛込(後に廃止)間が延伸開業。新宿以東の「市街線」の延伸が始まる。
1895(明治28)年12月30日	飯田町～新宿間が甲武鉄道初の複線化される。
1901(明治34)年8月1日	官設鉄道中央線(中央東線)八王子～上野原間が開業。甲武鉄道が同区間への旅客・貨物の連絡輸送を開始する。
1902(明治35)年11月5日	笹子～初鹿野(現・甲斐大和)間で笹子トンネルが完成する。
1903(明治36)年2月1日	大月～初鹿野間が延伸開業。スイッチバック式の笹子駅などが開業する。
1904(明治37)年8月21日	飯田町～中野間が電化される。
1906(明治39)年6月11日	岡谷～塩尻間が延伸開業し、中央東線八王子～塩尻間が全通。飯田町～長野・松本間をそれぞれ1往復運転される。
1906(明治39)年10月1日	鉄道国有法に基づき甲武鉄道(御茶ノ水～八王子間)が買収され国有化。官設鉄道中央線の一部となる。
1908(明治41)年4月19日	御茶ノ水～昌平橋間が延伸開業。昌平橋駅が開業。広小原仮信号所が廃止される。
1909(明治42)年10月12日	線路名称が設定され、昌平橋～塩尻～篠ノ井間が中央東線となる。
1913(大正2)年4月1日	ダイヤ改定。運転系統を整理して飯田町～名古屋間1往復(所要時間17時間39分)を昼行、飯田町～長野間1往復を夜行とする。
1914(大正3)年12月20日	東京駅が開業する。
1920(大正9)年5月26日	貨物支線となる下河原線が国分寺～下河原間に開業。翌年12月1日に廃止される。
1927(昭和2)年8月27日	この年、東京～国分寺間の架線電圧が600Vから1200Vに昇圧する。
1928(昭和3)年5月11日	新宿～中野間を複々線化。蒸気機関車の列車と、電車の運転線を分離する。
1930(昭和5)年4月1日	貨物支線の立川～多摩川信号場～多摩川原間が開業する。
1931(昭和6)年4月1日	浅川～甲府間が電化され、飯田町～甲府間がすべて電化される。
1933(昭和8)年9月15日	総武本線電車の一部が中央線へ乗り入れ、船橋～中野間で緩行電車として直通運転を開始する。
1934(昭和9)年4月2日	支線の国分寺～東京競馬場前間が電化で開業。東京競馬場前仮停車場が開業する。
1945(昭和20)年8月5日	浅川～与瀬(現・相模湖)間の湯の花トンネルに差しかかった下り列車が、米軍機の激しい機銃掃射を受け、多数の死傷者を出す。
1947(昭和22)年5月5日	東京～浅川間の急行電車に「婦人子供専用車」を試験的に連結し、運転を開始する。
1951(昭和26)年4月14日	支線の三鷹～武蔵野競技場前間が開業。武蔵野競技場前駅が開業する。
1951(昭和26)年4月15日	新宿～長野間運行の夜行客車準急を「アルプス」と名付ける。
1952(昭和27)年3月	中央線の連合軍専用車両が廃止、返還される。
1952(昭和27)年7月1日	国分寺～北府中信号場～下河原間に貨物支線が開業する。
1956(昭和31)年8月	全金属製車両のモハ73系が運転を開始する。
1957(昭和32)年12月16日	新性能の通勤電車モハ90系(1959年に101系と改称)が中央線での運転を開始する。
1959(昭和34)年11月1日	支線の三鷹～武蔵野競技場前間が廃止する。
1960(昭和35)年4月25日	新宿～松本間で気動車急行「第1・2アルプス」の運行開始。所要時間は4時間25分。
1961(昭和36)年3月20日	東京～浅川間の急行を「快速」と改称。浅川駅を高尾駅に改称する。
1964(昭和39)年9月20日	中野～荻窪間の高架化(複線部分)完成。地上の複線と高架複線とを併用して運転を開始する。
1965(昭和40)年5月20日	辰野～塩尻～松本間が電化し、中央東線の全線電化が完成する。
1966(昭和41)年4月28日	中野～荻窪間の高架複々線が完成。休日における快速の運転時間帯を全日に拡大する。
1966(昭和41)年12月12日	笹子～初鹿野間が複線化。新宿～松本間に中央東線初の特急「あずさ」が運転を開始する。
1967(昭和42)年7月3日	東京～高尾間で、日中のみ「特別快速」の運転を開始する。
1968(昭和43)年8月15日	路線ごとの車両色の規定を改定。中央線快速は「朱色1号」とする。
1969(昭和44)年4月8日	総武本線の緩行電車を三鷹まで延長し、直通電車の運転を開始する。
1973(昭和48)年4月1日	武蔵野線が開通し、中央本線との接続駅として西国分寺駅が開業。支線の国分寺～北府中～東京競馬場前間を廃止する。
1973(昭和48)年9月15日	東京口の快速と特別快速に、初のシルバーシートが設置される。
1979(昭和54)年8月20日	中央線快速に、国鉄電車では初の電力回生ブレーキを装備した201系を投入。以後、約30年にわたって中央線を代表する列車となる。
1982(昭和57)年5月17日	塩尻駅が移転し、中央西線のスイッチバックが解消する。
1983(昭和58)年7月5日	岡谷～みどり湖～塩尻間に塩嶺トンネル(全長5994m)を通過する短絡線が開業する。
1988(昭和63)年3月13日	特急「あずさ」のうち新宿～甲府間運転の列車を特急「かいじ」と名付ける。
1988(昭和63)年12月1日	中央線特別快速を「中央特快」「青梅特快」の2つに分離する。
1993(平成5)年12月23日	特急「あずさ」に、新型のE351系を投入する。
2001(平成13)年12月1日	特急「あずさ」にE257系電車の投入を開始する。
2006(平成18)年12月26日	東京口の快速に新型車両E233系の投入開始。以後、201系電車を順次置き換える。

白煙をたなびかせ勾配を登るD51重連(2両)が牽引する準急「穂高」(新宿発8:10松本着13:48)。甲府までは電化されていたが、甲府から先は勾配が連続するため旅客も貨物も貨物用D51が牽引した。当時、中央東線に急行はなく、客車準急が3往復(うち夜行1往復)運転されていた。
◎小淵沢～信濃境　1956(昭和31)年12月31日　撮影:伊藤威信

3章 竜王〜松本

下り勾配を絶気運転で下るD51牽引の上り貨物列車。韮崎から先は下り列車に対し上り勾配のため、上り列車（新宿方面行き）は勾配を下るだけで煙を吐かず惰行運転で下る。◎小淵沢〜信濃境　1956（昭和31）年12月31日　撮影：伊藤威信

稲の取入れが始まった秋の高原を、八ヶ岳をバックに走る湘南色115系（1000番台）の普通電車。
◎小淵沢～信濃境　1990（平成2）年10月　撮影：安田就視

信濃境〜富士見間の新立場川橋梁はコンクリート橋で甲州から信州への架け橋ともいわれる。ここは複線化に際し新線に切換えられ、画面の手前に旧立場川橋梁が今でも現存し電車から眺められる。橋を渡る電車は旧信州色の115系1000番台。◎1990(平成2)年10月　撮影：安田就視

3章 竜王〜松本

長坂駅は旧長坂町の中心にあったが、平成の大合併で2004年に北杜市となった。北杜市は山梨県の北端で小淵沢、清里、八ヶ岳山麓を含む広大な市である。長坂は勾配途中でかつてはスイッチバック駅であったが、スイッチバックは1971年に廃止された。◎1990（平成2）年2月　撮影：安田就視

小海線への乗換駅、小淵沢。長らく木造モルタル造りの平屋駅舎だったが2017年に新駅舎に建替えられ、外装は「ぶどう色」を基調としている。この駅は女子大学生と若い医師との淡い恋を描いた映画「わかれ雲」（1951年公開、監督五所平之助）の舞台になり、D51牽引の列車が登場した。◎1990（平成2）年4月　撮影：安田就視

3章 竜王〜松本

茅野は蓼科高原、白樺湖への入口。撮影時は木造駅舎だったが1986年に橋上駅化された。撮影の1982年当時、特急「あずさ」は茅野、上諏訪と連続停車した。◎1982(昭和57)年8月1日　撮影：安田就視

諏訪市の代表駅。明かり取り窓のある木造駅舎は1950(昭和25)年に建てられた。現在でも改装されて使用されているが、外装が茶(ブラウン)になっている。霧ヶ峰や白樺湖への入口で駅前に諏訪バスと国鉄バスが並ぶ。国鉄バスは蓼科牧場を経由して小諸と結んでいた。◎上諏訪1982(昭和57)年8月1日　撮影：安田就視

稲穂が色づき、秋の実りを行く湘南色の165系3両の普通電車。◎すずらんの里　1990（平成2）年10月　撮影：安田就視

1993年に登場した最高速度130km/h、制御付き振子装置を装備したE351系。写真は最初の1編成（量産先行車）で同年12月から「あずさ」2往復で運行されたが、振子装置は使用しなかった。写真は93年9月撮影で試運転中と思われる。振子装置を使用した運転は翌1994年12月から。
◎すずらんの里〜青柳　1993（平成5）年9月16日　撮影：RGG（松本正敏）

3章 竜王〜松本

小海線で野菜輸送貨物列車を牽引するバック運転のC56形蒸気機関車（C56 149）。小海線のC56は1972（昭和47）年にDD16形ディーゼル機関車に置き換えられた。左は小海線を走るディーゼル急行。1968（昭和43）年時点では長野から篠ノ井線、中央線、小海線、信越線を経由して長野へ戻る循環急行「すわ」と逆回りの「のべやま」があったが、1975（昭和50）年3月に廃止された。◎野辺山　1973（昭和48）年9月　撮影：園田正雄

日本の鉄道最高地点（清里〜野辺山間、標高1375m）を通り高原列車で知られる小海線。「高原のポニー」C56形蒸気機関車の活躍でも知られる。樹海の中を大きくカーブして33‰勾配を登るC56牽引の混合列車。客車（オハ60）と貨車を連結している。1960（昭和35）年に小海線の旅客列車は全面ディーゼル化された。◎甲斐大泉〜清里　1958（昭和33）年4月1日　撮影：伊藤威信

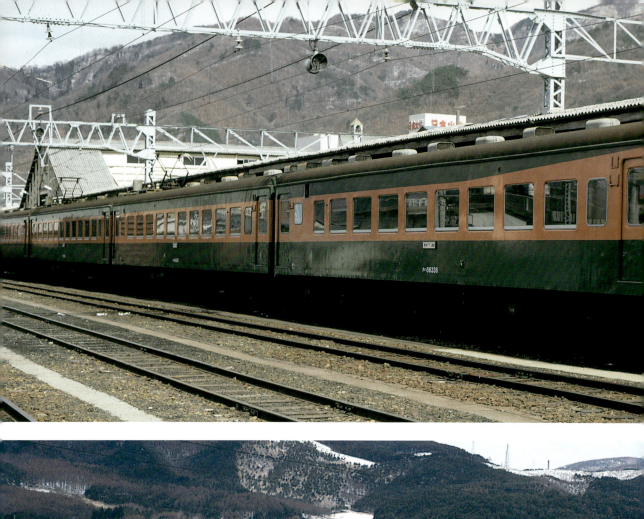

3章　竜王～松本

上諏訪まで乗入れた飯田線の「湘南形」80系300番台。飯田線は「旧形国電博物館」といわれたが、1978（昭和53）年から南部（豊橋口）を中心に80系が投入され、流線形のクモハ52などが姿を消した。北部（辰野口）では旧型車（クモハ43、51など）が80系とともに運行されたが1983（昭和58）年2月に80系が引退。残る旧形車も同年6月末に引退し119系、165系に置き換えられた。
◎1983（昭和58）年2月13日　撮影：RGG（高木英二）

天竜川に沿って走る飯田線から中央線への乗入れ電車。先頭は郵便・荷物室のあるクハユニ56でかつては常磐線を走っていた。2両目は戦前、戦中は京都～西明石間、戦後（1950年以降）は横須賀線を走っていた2ドア、クロスシートのクモハ43を3ドア化しモーター出力を強化したクモハ50。これら旧形車は1983（昭和58）年6月末まで運行された。
◎岡谷～川岸　1983（昭和58）年2月13日　撮影：RGG（木岐由岐）

飯田線と中央東線の接続駅辰野でのD51 241(集煙装置付き)とキハ58系ディーゼル準急。構内には伊那電鉄時代の架線柱が残る。辰野〜上諏訪間は飯田線電車の上諏訪乗り入れのため1962(昭和37)年5月に一足先に電化された。◎辰野　1961(昭和36)年8月4日　撮影:小川峯生

最後の活躍をする飯田線旧形電車。先頭は関西（京都〜西明石間各駅停車）から転入したセミクロスシートのクモハ54。飯田線は横須賀線および関西地区からの転入車両が中心で旧形国電博物館といわれた。◎辰野　1983（昭和58）年2月13日　撮影：RGG（高木英二）

飯田線から岡谷、上諏訪まで運転されるJR東海の119系電車。この119系は国鉄末期の1986(昭和61)年に飯田線から東海道線静岡地区(興津－清水間)に運転される「するがシャトル」用として塗装も変更され静岡に転属したが、JR発足後の1989年3月改正時に飯田線に戻った。飯田線に戻ってからもしばらくは「するがシャトル」塗装のままであった。
◎川岸〜辰野　1990(平成2)年10月　撮影:安田就視

3章 竜王〜松本

木曽駒ケ岳を中心とする南アルプスをバックに走る119系電車。119系は旧形電車置換えのため1983 (昭和58) 年に運転開始した1M方式の電車。塗色は天竜川にちなんだスカイブルー (空色) に白い帯が入った。2012 (平成24) 年3月改正時に引退し、213系5000番台および313系3000番台へ置き換えられた。
◎七久保〜伊那本郷　1986 (昭和61) 年5月5日　撮影：RGG (高木英二)

3章 竜王〜松本

左が入換え用C12 34、右がD51 613（いずれも上諏訪機関区所属）伊那電鉄時代の架線柱と腕木式信号機が見える。◎辰野　1960（昭和35）年3月16日　撮影：小川峯生

3章 竜王〜松本

1983年7月、塩嶺トンネル(5994m)開通に伴い岡谷〜塩尻間に複線の新線が開通した。みどり湖〜塩尻間は直線で、南側の山裾に塩尻〜旧東塩尻信号場間のくねくね曲がった線路と単線の架線柱が遠望できる。電車は1978〜79年に従来の80系に代わって投入された湘南色の115系1000番台。後に「長野色」に塗り替えられた。◎みどり湖〜塩尻　1986(昭和61)年11月26日　撮影：RGG(荒川好夫)

169系「N塗装」の長野から岡谷経由で飯田線へ直通する快速「みすず」。飯田市、伊那市など伊那谷と県都長野を結ぶ列車は中央東線、篠ノ井線が非電化の時代からディーゼル車で運転されていた。「みすず」は信濃の枕詞「みすずかる」に由来し、信濃(長野県)を指す言葉でもある。◎みどり湖〜塩尻　1988(昭和63)年6月26日　撮影：RGG(松本正敏)

小野〜塩尻間の善知鳥峠にはトンネルがあり、その塩尻方には東塩尻信号場があり付近に急勾配と大カーブがあった。この付近から松本盆地とみどり湖経由の路線が見下ろせる。写真は大カーブを行く169系電車で、白(アイボリーホワイト)を基調に緑のラインが入り「N塗装」と呼ばれた。◎小野〜塩尻　1987(昭和62)年4月19日　小野〜塩尻　撮影：RGG(松本正敏)

3章　竜王～松本

みどり湖経由の新線（1983年開通）を走るN塗装の169系8両編成の快速みすず。長野から岡谷、辰野経由で飯田線へ向かう。背後の山には善知鳥峠に向かう旧線があり、旧線の大カーブを新線側から遠望できる。◎塩尻～みどり湖　1990（平成2）年10月　撮影：安田就視

塩尻〜東塩尻間の大カーブを行くキハ58形2両の準急「天竜」。県都長野と飯田線沿線伊那地方との連絡を目的に1961(昭和36)年に長野〜天竜峡間に運転開始。電化区間に乗り入れるディーゼル車として異彩を放った。この大カーブは鉄道ファンにとって撮影名所だった。
◎塩尻〜東塩尻(仮)　1964(昭和39)年1月　撮影：RGG(荒川好夫)

飯田線沿線伊那地方と県都長野を結ぶキハ58系ディーゼル急行「天竜」。1961(昭和36)年に運転開始され、1973(昭和48)年3月の篠ノ井線電化時にも電車化されず、1975年3月改正時に電車化(165系)された。◎東塩尻信号場〜塩尻　1964(昭和39)年1月　撮影：RGG(荒川好夫)

3章 竜王～松本

善知鳥峠の大カーブを行くキハ58系ディーゼル急行「第1上高地」（上り、松本発12:00新宿着16:34）。4・5両目に1等車キロ28が2両連結されているが後に2エンジン付きのキロ58に置き換えられた。1961（昭和36）年10月改正から中央東線ディーゼル急行は6往復となり「アルプス」「上高地」「白馬」の愛称がついたが、松本電化後の1965（昭和40）年10月から「アルプス」に統一された。◎東塩尻～塩尻 1962（昭和37）年1月14日 撮影：伊藤威信

1992年以降「長野色」に塗り替えられた169系。正面に快速表示があり、長野～飯田・天竜峡間を岡谷経由で結ぶ快速「みすず」号である。◎みどり湖～塩尻 1993（平成5）年5月21日 撮影：RGG（松本正敏）

塩尻をでて大カーブにさしかかり善知鳥峠への25‰勾配を登る上り急行「第2アルプス」（松本発9:30新宿着13:55）キハ58系8両編成。画面右側に松本盆地南端の平地が広がり、車窓からはこの平地が徐々に下になり列車が高度を上げていることがわかる。1983（昭和58）年にこの平地に塩嶺トンネル経由の新線が開通した。◎東塩尻信号場〜塩尻　1962（昭和37）年7月12日　撮影：林嶢

3章 竜王～松本

1983（昭和58）年7月の塩嶺トンネル開通で岡谷～塩尻間が短絡され、大八まわりといわれた岡谷～辰野～塩尻間はローカル線となった。辰野～塩尻間は荷物電車改造のクモハ123形（クモハ123－1）が単行（1両）で折返し運転となり、ミニエコーと呼ばれた。1986年の登場時は白に緑帯の塗装だった。◎信濃川島～小野　1986（昭和61）年10月19日　撮影：RGG（森嶋孝司）

岡谷～塩尻間「塩嶺ルート」開通以前は辰野経由が本線で、小野～塩尻間に善知鳥トンネル（1678m）があり、その塩尻方に東塩尻信号場があった。信号場と塩尻の中間に大カーブがあり25‰上り勾配で蒸気機関車時代は難所だった。大カーブを行く国鉄色189系または183系1000番台の特急「あずさ」。このカーブは蒸気機関車時代も電化後も撮影名所だった。◎東塩尻信号場～塩尻　1982（昭和57）年12月19日　撮影：RGG（荒川好夫）

3章 竜王〜松本

国宝松本城を有する観光地・松本市の玄関口である松本駅。篠ノ井線、大糸線とともに、アルピコ交通上高地線との連絡駅である。これは多くのタクシーが客待ちする東口(お城口)の風景である。
◎1983(昭和58)年4月20日 撮影:RGG(高木英二)

松本駅前から「松本の奥座敷」浅間温泉まで5.3kmを結んでいた松本電気鉄道浅間線。1924(大正13)年4月に単線で開通。駅前大通り区間は路面だったが、途中の清水付近から専用軌道になった。1964(昭和39)年3月末日限りで廃止。バックの松本駅は火災からの復旧のため1948(昭和23)年に応急的に建築された駅舎。駅前は自転車が目立つ昭和30年代の光景である。◎松本駅前　1957(昭和32)年　撮影：小川峯生

3章 竜王〜松本

あがたの森公園に向かって、国道143号が真っすぐ延びている松本駅の東口付近の空撮写真。古い城下町らしく、大きな瓦屋根の民家が多く残っている。現在のような橋上駅舎になる前の駅舎には、ホーム間を結ぶ跨線橋が存在していた。
◎1973(昭和48)年7月　提供:朝日新聞社

3章 竜王〜松本

155

松本機関区ラウンドハウス（扇形庫）とその前の転車台。新製後間もないピカピカのキハ58が並ぶ。松本機関区は1900（明治33）年に開設。現在は松本車両センターになっている。◎松本機関区　1963（昭和38）年6月29日　撮影：荻原二郎

東口（お城口）に比べると、かなり地味な印象があった松本駅西口。こちら側には、アルピコ交通（松本電鉄）上高地線の駅が存在し、次の西松本駅との距離はわずか0.5キロしかない。◎1970（昭和45）年11月2日　撮影：荻原二郎

3章 竜王〜松本

松本駅前と浅間温泉を結んでいた松本電気鉄道浅間線。1924（大正13）年4月に開業したが1964（昭和39）年3月末日限りで廃止された。単線で途中駅での交換があった。◎横田　1963（昭和38）年6月29日　撮影：荻原二郎

松本電気鉄道（現・アルピコ交通）上高地線のモハ10形2両編成。木造車の台車、機器を再利用して車体を新造した。車体は17m、2ドア、ロングシートで日本車輌が地方私鉄向けに製造し「日車標準車体」と呼ばれた。岳南鉄道（静岡）、新潟交通にも同形車がある。◎新村　1970（昭和45）年11月2日　撮影：荻原二郎

信濃鉄道（大正13年）、大糸線（昭和36年）の時刻表

電化は信濃森上まで。新宿から「第2白馬」が直通している。

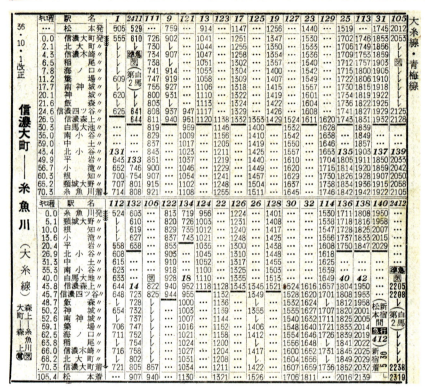

4章
大糸線（松本〜南小谷）

仁科三湖のひとつ木崎湖に沿って走る381系特急「しなの」。1982（昭和57）年11月改正時から中央西線「しなの」1往復が大糸線に乗り入れ名古屋〜白馬間運転になった。山あいにひっそりとたたずむ仁科三湖は安曇野と並ぶ大糸線車窓の白眉である。◎稲尾〜海ノ口 1983（昭和58）年5月30日　撮影：安田就視

4章

大糸線（松本〜南小谷）

大糸線は信濃鉄道として開通

　大糸線はもともと私鉄で信濃鉄道として建設された。現在の第三セクターしなの鉄道は大先輩に対して敬意を表してか「しなの」と平仮名で表記している。1915（大正4）年1月に松本市（現・北松本）〜豊科間が最初に開通し、翌1916（大正5）年7月に信濃大町まで開通、同年9月には国鉄松本駅に乗入れた。現在でも松本駅大糸線ホームは中央線、篠ノ井線ホームと離れアルピコ交通（旧・松本電気鉄道）上高地線と共用しているが、私鉄時代の名残である。業績は好調で1926（大正15）年1月には電化され電車が走り始めた。

　信濃大町以北は国鉄（当時は鉄道省）によって信濃大町、糸魚川双方から建設され、大糸南線は1929（昭和4）年9月の信濃大町〜簗場間開通を皮切りに、1935（昭和10）年11月に中土まで開通した。

　大糸北線は同年12月に小滝まで開通した。1937（昭和12）年6月には信濃鉄道が国有化され大糸南線に編入され「省線電車」となったが戦前はここまで。戦後、大糸南北線を結ぶ工事が再開され、1957（昭和32）年8月に中土〜小滝間が開通して南北がつながり、大糸線と改称された。電化も1959（昭和34）年7月に信濃四ツ谷（現・白馬）まで延長され、1967（昭和42）12月に南小谷まで延長された。

大糸線は走る観光資源

　松本を発車した大糸線は安曇野を走る。常念岳に代表される北アルプスとそこから流れる豊かな水、緑豊かな田園風景、白壁の農家、ところどころにたたずむ道祖神、それらすべてが安曇野だが、近年は住宅が増え、その眺めもやや損なわれているようだ。

　松本盆地の北端までくると工場が目立ち、立山黒部アルペンルートへの入口である信濃大町に着く。そこを過ぎると山が狭まってくるが信濃木崎から簗場の先まで進行左側に木崎湖、中綱湖、青木湖の仁科三湖が展開する。ひっそりとたたずむ湖は日本の観光地にありがちな俗っぽさがなく原風景が保たれている。青木湖が後ろへ去ると電車は勾配を下りはじめる。ここは佐野坂峠で高瀬川（信濃川）水系と姫川水系の分水界である。大糸線は南小谷がサミット（最高点）と思われがちだが、簗場〜南神城間がサミットなのである。樹海の下方に白馬村の家々が見えてくる。ここは八方尾根スキー場で知られる白馬だ。ふたたび北アルプスが姿を現し最高峰は白馬岳、手前には八方尾根が横たわり、ぜいたくとしかいいようのない車窓だ。大糸線そのものが走る観光資源なのだ。姫川の流れと平行し電化区間の終点で小谷村の中心でもある南小谷へ。だが、大糸線の旅は終わらない。ディーゼル車に乗換え姫川に沿い糸魚川へと続く。この区間はフォッサマグナ（中央構造線）に沿っていて、車窓も山々が切り立ちまさに秘境で、走るジオパークとも呼ばれる。松本から糸魚川まで105.4km、これだけ変化に富んだ車窓を楽しめる路線は他にはない。

4章　大糸線（松本～南小谷）

【駅データ】（南小谷～糸魚川間は省略）

```
                   （所在地）                （キロ程）           （開業年）              （乗車人員）
松本駅（まつもと）         長野県松本市深志1          0.0km（松本起点）    1902（明治35）年6月15日    16,597人（2017年）
北松本駅（きたまつもと）     長野県松本市白板1          0.7km（松本起点）    1915（大正4）年1月6日     714人（2017年）
島内駅（しまうち）         長野県松本市大字島内         2.6km（松本起点）    1915（大正4）年11月1日    371人（2011年）
島高松駅（しまたかまつ）     長野県松本市大字島内高松      3.8km（松本起点）    1926（大正15）年4月14日   274人（2011年）
梓橋駅（あずさばし）       長野県安曇野市豊科高家5259-2   5.2km（松本起点）    1915（大正4）年1月6日     489人（2017年）
一日市場駅（ひといちば）     長野県安曇野市三郷明盛        6.8km（松本起点）    1915（大正4）年1月6日     762人（2016年）
中萱駅（なかがや）         長野県安曇野市三郷明盛        8.4km（松本起点）    1915（大正4）年5月30日    408人（2017年）
南豊科駅（みなみとよしな）    長野県安曇野市豊科         10.4km（松本起点）   1926（大正15）年4月14日   888人（2017年）
豊科駅（とよしな）         長野県安曇野市豊科         11.4km（松本起点）   1915（大正4）年1月6日     964人（2017年）
柏矢町駅（はくやちょう）     長野県安曇野市穂高柏原       14.2km（松本起点）   1915（大正4）年6月1日     507人（2017年）
穂高駅（ほたか）          長野県安曇野市穂高5944       16.2km（松本起点）   1915（大正4）年7月15日    1,158人（2017年）
有明駅（ありあけ）         長野県安曇野市穂高北穂高      18.4km（松本起点）   1915（大正4）年8月8日     258人（2017年）
安曇追分駅（あずみおいわけ）   長野県安曇野市穂高北穂高      19.9km（松本起点）   1915（大正4）年11月16日   307人（2017年）
細野駅（ほその）          長野県北安曇郡松川村字東川原    22.8km（松本起点）   1915（大正4）年9月29日    56人（2011年）
北細野駅（きたほその）      長野県北安曇郡松川村字赤芝     23.8km（松本起点）   1930（昭和5）年10月28日   130人（2011年）
信濃松川駅（しなのまつかわ）   長野県北安曇郡松川村        26.0km（松本起点）   1915（大正4）年9月29日    583人（2017年）
安曇沓掛駅（あずみくつかけ）   長野県大町市常盤須沼        28.6km（松本起点）   1915（大正4）年11月2日    113人（2011年）
信濃常盤駅（しなのときわ）    長野県大町市常盤下一本木     30.9km（松本起点）   1915（大正4）年11月2日    245人（2011年）
南大町駅（みなみおおまち）    長野県大町市大町大新田町     34.0km（松本起点）   1935（昭和10）年2月1日    158人（2011年）
信濃大町駅（しなのおおまち）   長野県大町市大字大町3200番地  35.1km（松本起点）   1916（大正5）年7月5日     1,283人（2017年）
北大町駅（きたおおまち）     長野県大町市大町字荒沢       37.2km（松本起点）   1960（昭和35）年7月20日   62人（2011年）
信濃木崎駅（しなのきざき）    長野県大町市平木崎         39.4km（松本起点）   1929（昭和4）年9月25日    39人（2011年）
稲尾駅（いなお）          長野県大町市平尾          41.6km（松本起点）   1960（昭和35）年7月20日   6人（2011年）
海ノ口駅（うみのくち）      長野県大町市平海ノ口        42.9km（松本起点）   1929（昭和4）年9月25日    16人（2011年）
簗場駅（やなば）          長野県大町市平中綱20329      46.3km（松本起点）   1929（昭和4）年9月25日    23人（2011年）
南神城駅（みなみかみしろ）    長野県北安曇郡白馬村大字神城   52.8km（松本起点）   1942（昭和17）年12月15日  21人（2011年）
神城駅（かみしろ）         長野県北安曇郡白馬村大字神城    55.2km（松本起点）   1930（昭和5）年10月25日   37人（2017年）
飯森駅（いいもり）         長野県北安曇郡白馬村大字神城飯森  56.7km（松本起点）   1960（昭和35）年7月20日   20人（2011年）
白馬駅（はくば）          長野県北安曇郡白馬村大字北城四ツ谷 59.7km（松本起点）  1932（昭和7）年11月20日   300人（2017年）
信濃森上駅（しなのもりうえ）   長野県北安曇郡白馬村大字北城森上 61.6km（松本起点）   1932（昭和7）年11月20日   25人（2011年）
白馬大池駅（はくばおおいけ）   長野県北安曇郡小谷村大字千国   65.4km（松本起点）   1948（昭和23）年9月25日   9人（2011年）
千国駅（ちくに）          長野県北安曇郡小谷村大字千国    68.7km（松本起点）   1962（昭和37）年12月25日  2人（2011年）
南小谷駅（みなみおたり）     長野県北安曇郡小谷村大字千国乙10356 70.1km（松本起点） 1935（昭和10）年11月29日  116人（2017年）
```

大糸線の年表

1910（明治43）年12月11日	信濃鉄道が松本～大町間の免許を申請する。
1912（明治45）年3月30日	才賀藤吉を社長とし、信濃鉄道が会社設立される。
1915（大正4）年1月6日	信濃鉄道の松本市（現・北松本）～豊科間が開業。梓橋駅、明盛駅が開業する。
1916（大正5）年7月5日	高瀬川の架橋が完成し、路線を延伸して大町市街の南側に現在の信濃大町駅が開業。初代信濃大町駅は仏崎駅に改称（翌年廃止）する。
1922（大正11）年4月11日	鉄道敷設法が改正され、信濃大町～糸魚川間が予定線とされる。
1926（大正15）年1月8日	信濃鉄道が直流1500Vで電化。電車運転を開始する。
1928（昭和3）年	鉄道省が大糸南線（信濃大町～中土間）を着工する。
1935（昭和10）年11月29日	大糸南線の信濃森上～中土間が延伸開業。南小谷駅が開業する。
1936（昭和11）年12月18日	信濃鉄道が国と買収について協定を結ぶ。
1937（昭和12）6月1日	信濃鉄道が国有化され大糸南線に編入される。
1957（昭和32）年8月15日	大糸北線の中土～小滝間が延伸開業し、大糸線が全通。北小谷駅、平岩駅が開業。大糸南線・北線を統合し路線名を大糸線とする。
1961（昭和36）年10月1日	新宿～松本間の気動車急行「白馬」が信濃森上まで乗り入れ、夜行で運転を開始する。
1965（昭和40）年7月1日	新宿～松本間の電化完成に伴い、大糸線直通列車の一部が電車化される。
1965（昭和40）年10月1日	新宿～信濃森上間で夜行の電車急行「穂高」が運転開始。「白馬」は昼行列車となる。
1966（昭和41）年3月5日	大糸線を走る準急列車が急行に格上げされる。
1967（昭和42）年12月20日	信濃森上～南小谷間が電化される。
1968（昭和43）年10月1日	信濃四ツ谷駅を白馬駅に改称。急行の愛称を新宿発は「アルプス」、名古屋発は「きそ」に統一する。
1971（昭和46）年4月26日	季節運転の特急「あずさ」が新宿～信濃大町間の直通運転を開始。大糸線に特急が初登場する。
1972（昭和47）年3月12日	大糸線から蒸気機関車が引退する。
1972（昭和47）年3月15日	金沢～糸魚川～松本間で急行「白馬」（2代目）が運転を開始する。
1975（昭和50）年3月10日	急行「アルプス」が全面電車化される。
1981（昭和56）年7月24日	大糸線の旧型国電を115系に置き換える。
1982（昭和57）年11月15日	急行「白馬」「つがいけ」を廃止、特急「しなの」が不定期に名古屋～南小谷間で直通運転を開始する。
1986（昭和61）年11月1日	姫川駅が開業。急行「アルプス」の昼行列車を特急「あずさ」（新宿～南小谷）に格上げされる。
2002（平成14）年12月1日	急行「アルプス」（新宿～信濃大町）が廃止される。

4章　大糸線（松本〜南小谷）

北アルプスをバックに鉄橋を渡るC56牽引の大糸線貨物列車。大糸線信濃大町以北はいわゆる簡易線規格で入線できる機関車に制限がありC56が1972（昭和47）年まで活躍した。◎白馬〜信濃森上　1971（昭和46）年3月28日　撮影：安田就視

松川鉄橋を渡るディーゼル車3両。左からキハユニ26、キハ52、キハ58の3両。糸魚川から電化区間へ直通する列車が当時2往復あった。北アルプスからの雪解け水で川の水量は豊富。背後は左に八方尾根、右に白馬岳（2932m）がそびえる。◎白馬〜信濃森上 1983（昭和58）年5月30日　撮影：安田就視

4章　大糸線（松本〜南小谷）

稲が実り始めた初秋の安曇野を走る165系急行「くろよん」。多客期に大阪－白馬間に運転され、大阪－松本間は「ちくま」（長野発着）に併結された。山々は黒々として夏の装いである。
◎柏矢町〜豊科　1980（昭和55）年9月14日
撮影：安田就視

4章　大糸線（松本～南小谷）

京浜東北線と同じスカイブルー塗装の大糸線旧形電車。先頭はクハ55（300番台、サハ57に運転台取付け）、2両目がクモハ60で、以下サハ45、クモハ60、クハ55、クモハ51と続き、1両ごとに個性があった。3両目のサハ45は元横須賀線1等車サロ45で、座席は1等時代のままで人気があった。この旧形国電は1981(昭和56)年に115系1000番台に一斉に置き換えられた。◎中萱～一日市場　1980(昭和55)年5月4日　　撮影：安田就視

4章　大糸線（松本～南小谷）

大糸線は1980年代初めまで普通電車として青色の旧形国電が運転された。先頭はクハ68（戦前製造のクロハ59が戦時体制に伴い1940年から3ドア、ロングシート化されクハ55になり、戦後クロスシートが復元されクハ68となる）2両目は戦前の「関西省線電車」クモハ43を低屋根化したクモハ43 800番台。◎安曇追分～細野　1980（昭和55）年5月4日　撮影：安田就視

電化ローカル線ではそれまでは1920年代に輸入された機関車や戦時買収で私鉄から引き継いだ機関車が使用されてきたが、それを置き換えることになり、軸重が軽く急カーブに対応できる電気機関車が登場した。それが1958（昭和33）年に登場したクイル式駆動装置のED60形電気機関車で大糸線では貨物列車と客車臨時列車を牽引した。ED形で車体長は短いが高出力でアトム機関車と呼ばれる。◎細野〜安曇追分　1980（昭和55）年5月4日　撮影：安田就視

4章　大糸線（松本～南小谷）

北アルプスを望む安曇野を行く165系電車4両編成。中央にそびえる山は常念岳（2857m）山々の残雪が光る5月の情景。安曇野は天気のいい日に自転車で走り回るに限る。◎中萱〜南豊科　1980（昭和55）年5月4日　撮影：安田就視

田んぼに水が張られた5月の安曇野を行く金沢発松本行きキハ58系ディーゼル急行「白馬」、この列車は信州と北陸を結び、大糸線全線を走破する唯一の列車で、糸魚川〜金沢間は急行「しらゆき」（青森−金沢間）に併結されたが、1982（昭和57）年11月改正で廃止。背後の山は北アルプスに連なる餓鬼岳。◎安曇追分〜細野　1980（昭和55）年5月4日　撮影：安田就視

1916 (大正5) 年7月に信濃鉄道の駅として開業。ここから北は国鉄 (当時は鉄道省) により大糸南線として建設。戦後の1957 (昭和32) 年8月に全通して大糸線となる。黒四ダムや立山黒部アルペンルートの入口。長らく木造駅舎で、2010年に改装され開業時に近い状態に復元された。
◎信濃大町　1982 (昭和57) 年7月30日　撮影：安田就視

4章　大糸線（松本～南小谷）

大糸線の電化区間の終点南小谷駅。大糸線は信濃大町までは信濃鉄道により電化されていたが、戦後になり登山客、スキー客の輸送のため、電化は北に向け信濃四ツ谷（現・白馬）、信濃森上と延伸され、1967（昭和42）年12月に南小谷まで延長された。ここから先は非電化で糸魚川までディーゼル車が走る。ここは小谷村の中心に近い。◎1982（昭和57）年7月30日　撮影：安田就視

国鉄大糸南線、信濃四ツ谷駅として1932（昭和7）年11月に開業。1959年7月に信濃大町からここまで電化され、1968（昭和43）年10月に白馬と改称された。白馬村の中心部に位置し、八方尾根スキー場はじめスキー場が多い。駅舎は1970年に鉄筋2階建てに改築され、1996年に改修されてJR系列のホテル、フォルクローロ白馬が開設されたが、2006年に営業を終了した。◎白馬　1982（昭和57）年7月30日　撮影：安田就視

糸魚川機関区のレンガ造り車庫　新幹線建設で取り壊されたが入口部分だけ保存。◎糸魚川　2010（平成22）年3月　撮影：山田亮

キハ52　115（国鉄色）津山まなびの鉄道館で保存。
◎南小谷　2010（平成22）年3月　撮影：山田亮

キハ52　156（首都圏色）国鉄色にして糸魚川ジオステーションジオパルで保存。
◎糸魚川　2010（平成22）年3月　撮影：山田亮

南小谷は電化区間の終点で電車と糸魚川方面のディーゼル車が出会う。画面左は165系の急行、右はキハ55の南小谷～糸魚川間の列車。ここから非電化で姫川沿いに糸魚川に向かう。現在、南小谷はJR東日本とJR西日本の境界駅で、駅はJR東日本が管理している。◎1982（昭和57）年7月30日　撮影：安田就視

山田 亮（やまだ あきら）

1953（昭和28）年生、慶応義塾大学法学部卒、慶応義塾大学鉄道研究会OB、鉄研三田会会員、元地方公務員。
鉄道研究家で特に鉄道と社会の関わりに関心を持つ。
1981（昭和56）年「日中鉄道友好訪中団」（竹島紀元団長）に参加し、北京および中国東北地区（旧満州）を訪問。1982年、フランス、スイス、西ドイツ（当時）を「ユーレイルパス」で鉄道旅行。車窓から見た東西ドイツの国境に強い衝撃をうける。2001年、三岐鉄道（三重県）70周年記念コンクール「ルポ（訪問記）部門」で最優秀賞を受賞。現在、日本国内および海外の鉄道乗り歩きを行う一方で、「鉄道ピクトリアル」などの鉄道情報誌に鉄道史や列車運転史の研究成果を発表している。

（主な著書）
『相模鉄道、街と駅の一世紀』（2014、彩流社）
『上野発の夜行列車・名列車、駅と列車のものがたり』
（2015、JTBパブリッシング）
『JR中央線・青梅線・五日市線各駅停車』（2016、洋泉社）
『南武線、鶴見線、青梅線、五日市線、1950〜1980年代の記録』
（2017、アルファベーターブックス）
『常磐線、街と鉄道、名列車の歴史探訪』（2017、フォトパブリッシング）
『1960〜70年代、空から見た九州の街と鉄道駅』
（2018、アルファベーターブックス）

【執筆協力】
生田誠（駅舎写真の解説）

【写真撮影者】
伊藤昭、伊藤威信、伊藤東作、小川峯生、荻原二郎、園田正雄、高木堯男、林嶢、日比野利郎、安田就視、山田虎雄、RGG（荒川好夫、木岐由岐、河野豊、高木英二、森嶋孝司、松本正敏）

中央東線
1960年代〜90年代の思い出アルバム

発行日 ………………… 2019年7月5日　第1刷　　※定価はカバーに表示してあります。

著者 ………………… 山田 亮
発行者 ………………… 春日俊一
発行所 ………………… 株式会社アルファベータブックス
　　　　　　　　　〒102-0072　東京都千代田区飯田橋 2-14-5　定谷ビル
　　　　　　　　　TEL. 03-3239-1850　FAX.03-3239-1851
　　　　　　　　　http://ab-books.hondana.jp/

編集協力 ……………… 株式会社フォト・パブリッシング
デザイン・DTP ……… 柏倉栄治
印刷・製本 …………… モリモト印刷株式会社

ISBN978-4-86598-851-2 C0026
なお、無断でのコピー・スキャン・デジタル化等の複製は著作権法上での例外を除き、著作権法違反となります。